林语堂：所有的幸福，均与尘世须臾不离

【大师开讲】

刘云 编著

全国百佳图书出版单位
时代出版传媒股份有限公司
黄山书社

图书在版编目(CIP)数据

大师开讲·林语堂:所有的幸福,均与尘世须臾不离 / 刘云编著.
-- 合肥:黄山书社,2014.5
ISBN 978-7-5461-4459-7

Ⅰ.①大… Ⅱ.①刘… Ⅲ.①林语堂(1895~1976)
—语录 Ⅳ.①K811

中国版本图书馆CIP数据核字(2014)第076950号

DASHI KAIJIANG · LIN YUTANG SUOYOU DE XINGFU JUN YU CHENSHI XUYU BU LI
大师开讲·林语堂:所有的幸福,均与尘世须臾不离　　刘云　编著

出 品 人　任耕耘
选题策划　任耕耘　杨　雯
责任编辑　秦矿玲
特约编辑　李晓阳　赵迪秋
装帧设计　齐　娜
出版发行　时代出版传媒股份有限公司(http://www.press-mart.com)
　　　　　黄山书社(http://www.hspress.cn)
地址邮编　安徽省合肥市蜀山区翡翠路1118号出版传媒广场7层 230071
印　　刷　安徽国文彩印有限公司
版　　次　2015年6月第1版
印　　次　2015年6月第1次印刷
开　　本　880mm×1230mm 1/32
字　　数　120千
印　　张　7.75
书　　号　ISBN 978-7-5461-4459-7
定　　价　28.00元

服务热线　0551-63533706
销售热线　0551-63533761
官方直营书店(http://hsssbook.taobao.com)

目录

平易睿智语堂，圆融豁达和乐（代序）

林语堂，1895年生于福建一个信奉基督教的家庭，乳名和乐。林父为教会牧师。林家育有六子二女，林语堂排行第七。这是一个清贫但温馨的家庭，林父乐观、幽默、和蔼，林母慈祥、温良、贤淑，林家兄弟姊妹恭顺、孝悌、友爱。在父亲的影响下，林语堂很早就对西方文化充满向往，曾就读于上海圣约翰大学，又曾任教于清华大学，后来到哈佛比较文学研究所做研究。林语堂学贯东西，深得中西方文化精髓，并擅长英文写作，一生著述等身。

语堂先生是个妙人，与他同时代的知识分子往往喜欢充任道德和人伦的判官，似乎绷紧面孔、作忧国忧民状，才能彰显所谓知识分子的风骨，而语堂先生偏偏闲适、幽默，他那似乎什么事都不必太过在意、都可以调侃和戏谑的姿态，在特殊时代曾落人诟病和批判。然而，等历史翻过一页之后，再回过头来看，真正在人类精神史中留下深刻印记的，却恰恰是林语堂先生，而非其他。

语堂先生从来都热烈地讴歌快乐，追求生活的舒适，在他看来，这是人欲，也是天理。他从不刻意掩饰人性中的欲念，也从不因其有何罪恶感。他说："我一向认为，生活的目的是真正地享受生活。"他当然不是在蛊惑大众纵欲，但也坚决不主张毫无必要的节欲。他认为，欲只可导，而绝不可抑。

语堂先生重"情"。在他的哲学里，"情"字占有特殊的分量。他说："我们如果没有'情'，便没有人生的出发点。情是我们生命的灵魂，星辰的光辉，音乐和诗歌的韵味，花朵的愉悦，禽鸟的羽翼，女子的艳色和学问的生命。"

语堂先生更是深具情趣之人。在他笔下，无论躺，坐，卧，谈话，喝茶，抽烟，喝酒……种种旁人熟视无睹的日常琐事，都有一番闲适的情趣。

语堂先生特别看重家庭生活。他也是在他同时代的人物中，极少数享有温暖家庭生活的幸运儿之一。他甚至宣称："在我看来，无论是什么理由，一个男人或一个女人在离开这个世界的时候，竟然没有留下孩子，那是对他们自己犯了最大的罪孽。"也是基于此，他对所谓妇女解放有着不一样的理解。他并非反对女子作娜拉式的出走，却反对女子为了出走而抛弃家庭生活的享受和乐趣。

凡此种种，不一而尽。

本书采撷了林语堂作品中的珠玑之言，文字间的洒脱与超然，道尽人生社会奥妙、为人处世之道、两性情感之法、读书学习之策以及社会热点问题，对于生活中屡屡陷入困境、时时误入迷途的现代人而言，不啻为一剂良方。

第一章

人生、社会、自然

平凡者如你如我，生于红尘，长于俗世，有“春风得意马蹄疾，一日看尽长安花”（唐·孟郊《登科后》）的得意、昂扬、奋进，也有“艰难苦恨繁霜鬓，潦倒新停浊酒杯”（唐·杜甫《登高》）的失意、沮丧、消沉。无论如何，我们这生老病死的人生，都将在这红尘俗世中慢慢上演，若不能将人生看破、参透，烦恼就会“剪不断，理还乱”（南唐·李煜《相见欢》）。因此，我们只有细细检视人生的纹路与肌理，才能将荣辱看淡，才能将繁花似锦的青春，抑或是年华老去的暮年，以平常心观之、待之、爱之。

关于社会和自然，我们逐渐明白，越是简约平淡，越接近本相，也就越持久、深远。我们创造了文明，却也在日益作茧自缚。当在生命和自然间设置重重障碍的时候，我们似乎忘却了，生命隔离了自然，就会日渐枯竭，失却新鲜感。唯有回归自然，回归本真，方能获得生命的丰盈与圆满。

让我们，以一颗简淡平和的心，在这世上，且走且看。

人生有情而后生

我们如果没有“情”，便没有人生的出发点。情是我们生命的灵魂，星辰的光辉，音乐和诗歌的韵味，花朵的愉悦，禽鸟的羽翼，女子的艳色和学问的生命。没有情的灵魂是不可能的，正如音乐不能没有表情一样。这种东西给我们以内心的温暖和活力，使我们能快乐地去对付人生。（《生活的艺术》）

金钱、权势、地位，均非必需。“情”，方为人生之根本。

人生若无“情”，则人徒具形貌而已矣：直如山无水，无水则失媚；如水无声，无声则缺韵；如声无抑扬，无抑扬则呆板。

人生有缺而后圆

人类之足引以自傲者总是极为稀少，而这个世界上所能予人生以满足者亦属罕有。（《吾国吾民》）

生命从来不会完美。命运或许可以短暂地关照凡人，却不能周全地成全凡人的每一个愿景。人自身亦是如此：或可以一时成全他人的幸福，却没有能力完成他人一生的重托。凡人只能尽量求得人生完整罢了。如能平心静气认领这一事实，方不会有太多失落与缺憾。

人生有痴而后成

人生必有痴，而后有成，痴各不同，或痴于财，或痴于禄，或痴于情，或痴于渔。各行其是，皆无不可。（《论游览》）

太过清醒的人生，势必有太多世俗利害的计较与得失。趋利避害之心既生，则注定无全心之投入。执念不够，凡事则浅尝辄止，不可体会其深妙。由此看来，人生不妨几回“痴”。“别人笑我太痴癫，我笑他人看不穿”（明·唐寅《桃花庵歌》）。“看不穿”也不全是坏事。只有这“看不穿”，才会倾力而为，才会执迷，才会有痴，进而方有所成。

人生如诗而后动

一个人有童年、壮年和老年，我想没有一个人会觉得这是不美满，一天有上午、中午、日落，一年有春、夏、秋、冬四季，这办法再好没有。人生没什么好坏，只有“在那一季里什么东西是好的”的问题。如果我们抱着这种生物学的人生观念，循着季节去生活，那么除自大的呆子和无可救药的理想主义者之外，没有人会否认人生确是像一首诗那样地生活过去的。（《生活的艺术》）

生命如江水，如长河，自然流淌，行当所行，至当所至。

且莫感慨“惜春长怕花开早”（南宋·辛弃疾《摸鱼儿》），也勿惜叹“夕阳无限好，只是近黄昏”（唐·李商隐《登乐游原》）。

不必苦心孤诣地挽留易逝韶华，也不必迫切地企盼早一天成熟。

人生如戏观之笑之

在很大程度上，人生仅仅是一场闹剧，有时最好站在一旁，观之笑之，这比一味介入要强得多。同一个刚刚走出梦境的睡梦者一样，我们看待人生用的是一种清醒的眼光，而不是带着昨日梦境中的浪漫色彩，我们会毫不犹豫地放弃那些捉摸不定、富有魅力却又难以达到的目标，同时紧紧抓住仅有的几件我们清楚会给自己带来幸福的东西。（《中国人》）

“用看戏的眼看待繁华梦，
渐渐我发觉人生就像梦。”

巫启贤的歌声回旋婉转，道出了三分虚幻，七分真相，更道出了一分无奈，九分洒脱。

既然“人生如梦”，何不学苏子，把俗世纷扰轻轻撇去，只将满腔真实“一尊还酹江月”（宋·苏轼《念奴娇·赤壁怀古》）。计较些什么，又执意些什么呢？

人生不必太过严肃

现代的人们对人生过于严肃了，所以充满着烦扰和纠纷。（《生活的艺术》）

不必皱眉苦思人生的意义何在，也不必蹙额冥想生命的价值几何。

人生，若背负的“形而上”问题太多，则会有不必要的沉重和黏滞。

人生有痛而后知

一个人彻悟的程度，恰等于他所受痛苦的深度。（《吾国吾民》）

人必经蚀骨之悔，锥心之痛，方可清醒。清醒才不会迷惑于事物表象，才会懂得现世的拥有何其珍贵，也才会懂得人生原来如此。

人生在世需怀幽默

没有幽默滋润的国民，其文化必日趋虚伪，生活必日趋欺诈，思想必日趋迂腐，文学必日趋干枯，而人的心灵必日趋顽固。（《一夕话》）

当现实无比现实，当物质无比物质，人最坚决的反击武器无他，必是心中所存之幽默。

只有具有幽默感的心，才能够轻巧地避开现实的粗粝与残暴；也只有具有幽默感的人，才能够在世俗的风霜刀剑中全身而退。

人生需要快乐的哲学

只有快乐的哲学，才是真正深湛的哲学；西方那些严肃的哲学理论，我想还不曾开始了解人生的真意义哩。在我看来，哲学的唯一效用是叫我们对人生抱一种比一般人较轻松较快乐的态度。（《生活的艺术》）

哲学，不应该是一眼望不到底的幽深与曲折，也不应该是紧皱眉头的苦苦思索与追寻。

哲学，应该是清浅的，入世的，快乐的。

唯有快乐的哲学，才能更真切地贴近人生，解释人生，并指导凡人如何拥有快乐人生。

人生有时是退守

我们看待人生，不是在谋划怎样发展，而是去考虑如何真正地活着；不是怎样奋发劳作，而是如何珍惜现在的时光尽情享乐；不是如何尽情发挥自己的精力，而是养精蓄锐以备冬天之不测。（《中国人》）

人生，不单单是“自信人生二百年，会当水击三千里”（毛泽东《七古·残句》）的豪情，也不仅仅是“老骥伏枥，志在千里；烈士暮年，壮心不已”（东汉·曹操《步出夏门行》）的雄心，更不仅仅是“长风破浪会有时，直挂云帆济沧海”（唐·李白《行路难》）的壮志。

人生还是“采菊东篱下，悠然见南山”（东晋·陶渊明《饮酒》）的随意，是“醉里吴音相媚好，白发谁家翁媪”（南宋·辛弃疾《清平乐》）的悠然，更是“随意春芳歇，王孙自可留”（唐·王维《山居秋暝》）的闲适。

一言以蔽之，人生不仅仅是进取，还应该是退守；人生不仅仅是奋发，还应该是悠闲。

天地悠悠，过客匆匆

我们对于人生可以抱着比较轻快随便的态度：我们不是这个尘世的永久的房客，而是过路的旅客。（《生活的艺术》）

对马路上刺耳的汽笛声和令人厌烦的尾气味，我们往往毫不介意；而对于人生的荣辱得失、利来利往，我们却常常耿耿于怀。

于是，我们日日拖着滞重的步伐和一脸的焦灼与倦怠，行色匆匆。

人生在世，衣食住行固然永为最大课题，为之奔波劳碌也无可厚非。

只是，人生“譬如朝露，去日苦多”（东汉·曹操《短歌行》），何必将一生的光阴全都用于生计挣扎与揣测思量？

人生真义乃享受淳朴生活

自中国人的眼光看来，人生的真义，不在于死后来世，因为基督所谓此生所以待毙，中国人不能了解；也不在于涅槃，因为这太玄虚；也不在于建树勋业，因为这太浮泛；也不在于“为进步而进步”，因为这是毫无意义的。所以人生真义这个问题，久为西洋哲学宗教家的悬案，中国人以只求实际的头脑，却解决的十分明畅。其答案就在于享受淳朴生活，尤其是家庭生活的快乐（如父母俱存兄弟无故等），及在于五伦的和睦。（《中国文化之精神》）

人生是什么呢？不是释迦弟子信奉的关于往生来世的孽债夙缘，也不是耶稣门徒崇信的关于伊甸园的惩罚与赎罪。

人生的全部意义，尽在今生的现世幸福，在于天伦之乐的享受。

人生的琐屑与神圣

人生的这样犀利动人的美丽是值得用最通俗的笔墨记载的。这个尘俗的人生之表现于文学，从不嫌其太切实也不嫌其太庸俗的。一切中国小说之特点，为不厌其详地列举琐碎家常。或则一个家宴中的各色菜肴，或则一个旅客在客舍进膳的形形色色，甚至接着描写他的腹病，因而趋赴空旷地段去如厕的情形，空地固为中国人的天然厕所。中国小说家是这样描写着，中国的男女是这样生活着，这个生命是太充实了，它不复有余地以容纳不灭的神的思想了。（《吾国吾民》）

世俗的人生，从来就是如此：琐屑，但充满人情；庸常，但洋溢着温暖。那些平凡而真实的情感未始不是人生真义。

人生迷人之处在于家常

但是北平最迷人的，是住在那里的常人，他们不是圣贤和教授，而是人力车夫。从西城到颐和园要车费一元左右，你或者以为这是很便宜的。这的确是便宜，而车夫却欣然收之。看着车夫们沿途互相取乐，笑论别人的不幸遭遇，你会有莫名其妙之感。（《动人的北平》）

一个城市，使我们感动的，并不是她的荣光与璀璨，不是她的丰功和伟业，而是她的家常与平凡，她的寻常与普通。

只因为，寻常而普通的我们，也常常如此家常而平凡地过活。

人生有两面

人生永有两方面：工作与消遣，事业与游戏，应酬与燕居，守礼与陶情，拘泥与放逸，谨慎与潇洒。其原因在于人之心灵总之一张一弛，若海之有潮汐，音之有节奏，天之有晴雨，时之有寒暑，月之有晦明。宇宙之生律无不基于此循环起伏之理，所以生活是富有曲线的。（《说潇洒》）

人生如硬币，更如魔方，转动的时候，每个面都会不停地调换，人也不停地呈现各种状态。既然如此，我们对人生的态度就不必太过刻板。

已有命在，夫复何求

人何求于上帝？有了生命的恩赐，人在地上还能求甚么？（《林语堂自传》）

人总是孜孜不倦地向神、佛祖与上帝祈求：或渴望金钱，或博取名望，或盼望长寿，或期冀成功，或求取地位。

人以为自己一无所有。

然而，人忘记了，上帝、佛祖与神其实给予人的太多——生命：降生，活着，并“经历”。

唯其有“降生”的机会，才有“活着”的可能；唯其有“活着”的机会，才有“经历”的可能；也唯其有“经历”的机会，才能有让各种愿望及梦想成为现实的可能。

扪心自问，有了此大权力与大机会，人又奢望些什么呢？又能奢望些什么呢？

深爱人生，才能体悟

如果一个人真的要享受人生，人生是尽够他享受的。一般人不能领略这个尘世生活的乐趣，那是因为他们不深爱人生，把生活弄得平凡、刻板，而无聊。（《生活的艺术》）

偶得一篇英语美文《假如我重回童年》，内有一段话，也许老生常谈，却引人入胜，翻译出来大意如下：生活如一面镜子：你朝它笑，它报之以笑；你双眉紧锁，向它投以怀疑的目光，它也将同样对你。

生活也许有苦难，有挫折，有无聊，有空虚，但生活也必将有欣悦，有成功，有意义，有果实。

你之所以将生活过得索然寡味，是因为你没有带着饶有兴味的眼睛去寻找和发现美与善，去开辟和探寻价值和意义。你给生活以单调，生活只好还你以枯索。

生老病死当顺其自然

当一个人的生命力达到巅峰时，也正象征着要开始走下坡路了，犹如潮水的消长，潮水退尽，接着开始涨潮。（《老子的智慧》）

不论阶层和性别，不分种族和地位，凡人最怕的是“变老”，此乃人之常情。所以有“花开堪折直须折，莫待无花空折枝”（唐·杜秋娘《金缕衣》）的规劝，所以有“塞上长城空自许，镜中衰鬓已先斑”（宋·陆游《书愤》）的郁愤，也所以有“倩何人、唤取红巾翠袖，揾英雄泪”（宋·辛弃疾《水龙吟·登建康赏心亭》）的惶然。

正是古往今来对于老之将至的恐惧，让我们视变老一事为忌讳，避之唯恐不及。

恐惧让我们遗忘了，所有的事物都有其自然消长之势，有盛必有衰。老年的来临，只是生命渐渐圆熟的自然规律。

既老之，则安之

我们必须调整我们的生活形态，使黄金时代藏在未来的老年里，而不藏在过去的青春和天真的时期里。因为如果我们采取相反的态度，那么，我们便是在不知不觉中和无情的时间在赛跑，对未来的东西不断发生恐惧——不消说，这种比赛是十分无希望的，在这个比赛中，我们结果都要失败。（《生活的艺术》）

事实上，没有一个人能阻止老年的来临；他只能欺骗自己，硬不承认自己已渐渐衰老。反抗自然既然是没有用处的，一个人还是爽爽快快地让老年来临吧。人生的交响乐应该以一个和平宁静、物质舒适和精神满足的终曲为结束，不应该以破锣破鼓的砰礴声为结束。《生活的艺术》

古教堂、旧式家具、版子很老的字典，以及古版的书籍，我们是喜欢的，但大多数的人忘却了老年人的美。这种美是值得我们欣赏，在生活是十分需要。我以为古

老的东西，圆满的东西，饱经世变的东西才是最美的东西。（《生活的艺术》）

我们惧怕一些事物，常常是源于偏见与误解，就像我们惧怕变老。

如果将生命比作一场盛大磅礴的交响乐的话，少年时是脆亮的笛子，悠扬而略显单薄；青年时是昂扬的锣鼓，豪壮但略显嘈杂；中年时是低沉的提琴，稳重但稍带沉闷。

唯有老年如同安然的铜号，祥和而不时优雅，沉着而不失生机，将少年的无知、青年的莽撞、中年的惶惑一一涤荡。

老年，本该是一个人一生的压轴大戏，我们有什么道理不欣喜迎接它的到来呢？

人类之局限

人类之聪明，原有限的很。现代文明人之智足以发明飞机无线电，而不足以避战争，必至互相吞食而后止。（《论握手》）

我们惊叹于人类视野的无限外扩——可上九天揽月；我们折服于人类才能的无限勃发——可下五洋捉鳖。所以，我们当然可以豪情凯歌——世上无难事，只要肯登攀。

然而，如果我们能稍稍清醒，我们就不能忘却人类的无能：我们无法平息战火，我们无法消弭争夺，我们无法清除罪恶，我们无法抚慰不公。

也许，谦卑和恭敬是我们唯一的法宝，可以稍稍弥补人类的无能与无力。

复得返自然

凡人在世，俗务羁身，有终身不能脱，不想脱者。由是耳目濡染愈深，胸怀愈隘，而人品愈卑。有时看看庄子，是好的。接近大自然，是更好的。（《记钓鱼》）

人生在世，“误落尘网中”之时居多，一半出于无奈，一半却是出于作茧自缚。在罗网中捆缚的时间久了，消磨的不光是志向，还有最基本的辨识力及道德与良知。而最好的矫正方法是“复得返自然”（东晋·陶渊明《归田园居·其一》）。

所有的幸福，均与尘世须臾不离

我可感知的所有幸福，都与这个尘世有关。就算它在大家眼里，是黑压压的一片，我们总是得尽力地使生活美满。况且它并不总是让人压抑。（《生活的艺术》）

我们的幸福，是如此的真实而细密。那也许是扑到妈妈怀中，深吸一口那熟悉的馨香；那也许是靠在恋人肩头，乐享一刻安稳的停留；那也许是指尖轻抚幼儿的肌肤，感受那丝绸般的顺滑。

是的，世界不全是美好。但有什么关系呢？

也许，世间的所有缺憾，都是因为它映衬了太多的圆满。就像所有的影子，都总是有阳光在后头。请多看一眼那明媚的阳光吧，为何总耿耿于怀那些微不足道的阴影？多看一眼世间的美好和温暖吧，为何总是对它皱起眉头？

道不远人

常人谈文化总是贪高骛远，搬弄名词，空空洞洞，不着边际，如此是谈不到人生的，谈不到人生便也谈不到文化。这样一来就有点像盲人骑瞎马了。我最佩服一句孔夫子的话，叫做“道不远人，人以为道而远人，不可以为道”，这是真正东方思想的本色。（《谈中西文化》）

真正的人生哲理，从来不在哲学家的高蹈与空谈，而在常人日升日落间所有的作息与悲欢。

简单而快乐的事，其一

看小孩吃西瓜，或水蜜桃，瓜汁桃汁入喉咙兀兀作响，口水直流胸前，想人生至乐，莫过于此，不亦快哉！（《来台后二十四快事》）

成人一旦被文明规训，就不能随心所欲，也不能旁若无人。而孩童，没那么多规矩与标准，可以放开心性，无意中反倒“越名教而任自然”（三国·嵇康《释私论》）。与孩童相处，是简单的快乐。因为孩童是面镜子，让成人照见曾有的天真。

简单而快乐的事，其二

到电影院坐下，听见隔座女郎说起乡音，如回故乡。不亦快哉！（《来台后二十四快事》）

唐朝诗人崔颢有一首《长干行》让人神往：“君家何处住，妾住在横塘。停船暂借问，或恐是同乡。”

该是怎样浓烈的思乡情，让女子不顾矜持，主动搭话；又该是怎样的欣喜若狂，在他处听到久违的乡音。随着那乡音一点一滴鲜活起来的，是生命中再也无法复制的快乐。

简单而快乐的事，其三

黄昏时候，工作完，饭罢，既吃西瓜，一人坐在阳台上独自乘凉，口衔烟斗，若吃烟，若不吃烟。看前山慢慢沉入夜色的朦胧里，下面天母灯光闪烁，清风徐来，若有所思，若无所思。不亦快哉！（《来台后二十四快事》）

有时候，幸福是身边有一个人陪。而更多时候，幸福却是一个人，在一个空间，享受那不可多得的放松，不需要人陪。有时候，幸福是心有所念，日不暇给；有时候，幸福却是心无挂碍，无所事事。

生活要真实

我要你们记住两件事情：读《圣经》和使大便通畅。（《生活的艺术》）

凡人的人生，总得绞缠着高尚和卑下两种成色。高尚在高尚的情操和道德追求，这使我们不至于沦为畜道。而卑琐在原始而正当的生理欲望，这使我们永远真实地存活于世。

生活是细微与具体

人类的生活终不过包括吃饭、睡觉、朋友间的离合、接风、践行、哭笑、每隔两星期左右理一次发、植树、浇花、伫望邻人从他的屋顶掉下来等类的平凡事情。大学哲学家用深奥的字句来描写这类简单的生活状态，无非是一种掩饰概念的极端缺乏和模糊的技巧而已。（《生活的艺术》）

对于人类整体而言，生活诚然是哲思层面的庞然而抽象。

而对于个人而言，生活却是尘世层面的细微而具体。

宽宥社会的不美好

我们的世界尚是一个缺乏理性的世界，没有一处地方看不到人类的愚钝。人类的聪明虽足以发明无线电，但也不足以制止战争，将来也是如此。所以我对于许多小节上的愚钝，宁可听其自然而只是旁观暗笑罢了。（《生活的艺术》）

人类社会是注定有所阴影的，但也确然有其明媚的光，何不忽略那些影子，只将目光投向光。

快乐源于简单

我看见一只鸽子在那远处的一座礼拜堂的尖塔旁回翔，它绝对不忧虑午餐要吃什么。但是我的午餐就比那鸽子复杂得多，拿到我面前的食物，已经过了千万人的工作，已经过了种种极复杂的种植、贸易、运输、递送和烹饪，正因如此，人类要获得食物比动物困难万倍。如果一只森林里的野兽跑进人类的都市里来，看到人类为生活如此匆忙，这只野兽一定会对这个人类社会发生很大的疑问和惊奇。（《生活的艺术》）

尽管有施惠对庄子进行驳诘：“子非鱼，焉知鱼之乐？”（《庄子·秋水》）然而，大多数人还是愿意相信：与人相比，动物的生活更为快乐。其快乐，大概源于生活的简单。人的不快乐，也正是将简单的事物弄得过于复杂的缘故。重拾简单，也就是重拾快乐。

眉下有别眼

旅行者所必须的行具就是如他在著名的剧曲《西厢记》的评语中所说:“胸中的一副别才。眉下的一副别眼。”其要点在于此人是否有易觉的心,和能见之眼。倘若他没有这两种能力,即使跑到山里去,也是白费时间和金钱。在另一方面,倘若他有这两种能力,则不必到山里去,即坐在家里远望,或步行田间去观察一片行云、一只狗、一道竹篱或一棵树,也能同样享受到旅行的快乐。(《论游览》)

奥古斯特·罗丹云:“生活中不是缺少美,而是缺少发现美的眼睛。”

风景并不在别处,却在眉下与心间。

发现美，不光需要眼睛，还需要心

风光之美一半在其地方，另一半则在观赏风景之人。（《苏东坡传》）

我们确然不能改变万物的客观存在，于是春花就那么开了、谢了，秋月就这般圆了、缺了……可是我们有情也有感，以我之眼看万物，万物皆着我之色。于是，红的可以是热烈，也可以是扰攘；白的可以是生机，也可以是惨淡……

生命初始之必需

一个人一生出发时所需要的，除了康健的身体和灵魂的感觉之外，只是一个快乐的孩童时期——充满家庭的爱情和美丽的自然环境便够了。（《林语堂自传》）

资讯发达的社会，为人父母反倒成了一桩令人无所适从的难事。养育孩子的过程，不断有人跳出来指手画脚。一会儿是某某专家振振有词，“孩子如一张白纸，你给他描画什么风景，他的未来就是什么颜色”，要你对孩子进行早教；一会儿又是某某专家言之凿凿，“一切从娃娃抓起”，要你为孩子报名上兴趣班。各种“指令”层出不穷，令人眼花缭乱。

你被“不让孩子输在起跑线上”的魔咒驱赶着停不下脚步。于是，你忘记了，一个孩子的童年需要的并不太多：爱和大自然就足够他受用终生了。前者给他以安全感和自信心，后者给他以宽广的胸怀和对美的感受力。

心安于尘世

我们是属于这尘世的，而且和这尘世是一日不可离的，我们在这美丽的尘世上好像是过路的旅客，这个事实我想大家都承认的，纵令这尘世是一个黑暗的地牢，但我们总得尽力使生活幸福。（《生活的艺术》）

尘世总有万般不如意，叫人生出尘之心，所以有“误落尘网中，一去三十年”（东晋·陶渊明《归园田居·其一》）的痛诉，有“我欲乘风归去”（宋·苏轼《水调歌头》）的向往。

然而感慨归感慨，牢骚归牢骚，都敌不过这样一个事实：穷尽我们的有生之年，必然和尘世千般纠缠、万般勾连。因此，生活必须照旧，人生必须幸福。当我们有满怀幸福充盈，世间一切的萧索和磕绊，才变得平常和微不足道。

目光放远点就不会伤心

世界总会自然而然变好的，目光放远点就不会伤心。（《我的信仰》）

世间事总有诸多不尽如人意之处：有杀伐，有争斗，有弱肉强食，有天良尽毁。然而，世间还有温暖，有支持，有伸手相援，有雪中送炭。

因此，不要总是过分执意于不尽如人意处而任由黑暗力量滋生。无论面临的社会万象有多不堪，我们都有自己可以掌控的领域——比如相信和自持。

悠闲之心，金钱无法抵达

没有金钱也能享受悠闲的生活。有钱的人不一定能真正领略悠闲生活的乐趣，那些轻视钱财的人才真懂得此中的乐趣。他须有丰富的心灵，有简朴生活的爱好，对于生财之道不大在心，这样的人，才有资格享受悠闲的生活。（《生活的艺术》）

人生，可以是一节纷纷扰扰的华文，也可以是一段简简单单的素章。其分别在于欲望的多寡罢了。

说到底，人生若要清白简淡，就不能为外物所役，更不能为金钱所驱。

享受悠闲，只需艺术家的性情

享受悠闲生活当然比享受奢侈生活便宜得多。要享受悠闲的生活只要一种艺术家的性情，在一种全然悠闲的情绪中，去消遣一个闲暇无事的下午。（《生活的艺术》）

我们误以为，有了充裕的金钱，才可以有悠闲的生活，所以我们常常为了悠闲地生活而变得行色匆匆。

殊不知，生活原本可以很简约，和金钱无关，和物质无涉，而和心境与心态关系重大：一份宁静，一份素朴，一份自在，一份悠然，就构成其全部。

有了悠闲的心境，行到水穷之处，也可以坐看云起。

放逸的灵魂

我们大家都有一种能够脱离常规的欲望，我们大家都希望变成另一种人物，我们大家都有梦想。（《生活的艺术》）

普通人如我们，因为种种限制，都要选择也只能选择一种生活去过：素朴且平常。

这样的生活，平安是平安了，却不免单调；寻常是寻常了，却难脱俗套。

幸好，我们还在寻常的身躯下掩着充满梦想的心与灵魂。它能将我们带离各自深陷的俗世角色。当心与灵魂带着身体低空飞翔，盘旋在俗世的云端之时，我们的人生也因此而多了别样的色彩和曲调。

还生活以简单

一般地讲起来，我们的生活是过于复杂了，我们的学问是太严肃了，我们的哲学是太消沉了，我们的思想是太纷乱了。这种种严肃和纷乱的复杂性，使现在的世界成为这么一个凄惨的世界。（《生活的艺术》）

有多少人就有多少种生活方式。

生活方式看似林林总总，却不外乎简单与复杂两类。有的追名逐利终不悔，有的却只做闲庭信步散仙人；有的渴慕“炙手可热势绝伦”（唐·杜甫《丽人行》），有的却只心羡“采菊东篱下，悠然见南山”（东晋·陶渊明《饮酒》）。

复杂的生活固然精彩，却也纷扰。简单的生活固然平淡，但是恒久。

简单的生活，舒缓的节奏，方能带给我们简单的心境，才能使我们有余暇花径石凳，小坐微醺，日观风云，夜听松涛，才能使我们心胸豁达，乐天知命。

谁更高明

那些有能力的人、聪明的人、有野心的人、傲慢的人，同时，也就是最懦弱而糊涂的人，缺乏幽默家的勇气、深刻和机巧。他们永远在处理琐碎的事情。他们并不知那些心思较旷达的幽默家更能应付伟大的事情。（《生活的艺术》）

太过汲汲于功名，则会失却生命的闲适，缠绕于不安与细琐；太过营营于利禄，则会忘掉人生的轻悦，纠结于忙碌与紧张。

美丽新世界

如果我们在世界里有了知识而不能了解，有了批评而不能欣赏，有了美而没有爱，有了真理而缺少热情，有了公义而缺乏慈悲，有了礼貌而一无温暖的心，这种世界将成为一个多么可怜的世界啊！（《生活的艺术》）

我们无不渴望一个美丽的新世界。然而美好的世界，从来都不是靠科学的发展和制度的完善可以企及的。

美好的世界，更多的是生活在其中的人们相互的体谅、宽容、理解、心怀慈悲与脉脉温情。美好的世界是人与人之间真诚的笑容和热情的拥抱，是和大自然的友好相处、和平共存，是全世界只信奉一条宗教：众生平等，弃绝杀戮。

大自然治愈自大狂

大自然本身永远是一个疗养院。它即使不能治愈别的病患，但至少能治愈人类的自大狂症。（《生活的艺术》）

在对自然的斗争中，人类的确有所进步：可以填海造田，可以遇水搭桥，可以使河流改道，甚至可以让“冬雷震震夏雨雪”（汉·佚名《上邪》）。人类因此以为自己无所不能而日益骄矜。

然而，大自然的伟力极深沉，远远不是人类可以揣测的。你看那涌浪拍打海岸的劲道，你听那龙卷风摧枯拉朽的力量。

剃刀上的生活

越接近自然，越能保持体格上与道德上之健康状态。生活在乡村里的人不会腐化，生活在都市里的人才会腐化。（《吾国吾民》）

都市生活是把双刃剑。

以现代化为标杆的都市生活，在给我们带来便利的同时，也给予我们种种约束和限制；在使我们日趋文明的同时，也使我们渐渐失去本真。

迷失的结局，将是毁灭。而平衡之道无他，在于回归自然。

警惕梦想的逃避性

我们有时也会有混乱的梦想和不符现实的梦想，那是很危险的。因为梦想也是逃避现实的方法之一；一个做梦者常常想要逃避这个世界，但是又不知道要逃避到哪里去。（《生活的艺术》）

人这一生，终归是离不开梦想的。梦想，哪怕再怎么微弱，却能在你的心底幽微处闪闪发光，许你以美好未来，催你奋进，指引你前进的方向；梦想，哪怕再怎么稀薄，却能在你的灵魂深暗处熠熠发光，让你坚强，使你不甘平庸。

然而，我们还必须懂得：梦想绝不是梦，两者之间的差别通常都有一段非常值得人们深思的距离。

生活不可太过平顺

听惯夜半海洋呻吟海风孤啸者，不会在白天长吁短叹。（《家国絮语解题》）

苦难与动荡，不一定使人心智成熟、阔达、宽广。但一个人的心智若要成熟、阔达、宽广，必须经历些苦难与动荡。

欲望愈少快乐愈多

欲望最少时，最近于神仙快乐之境。个人的愿望能实现十之六七就很幸福了。（《言志篇》）

我们的尴尬与困扰是：得到的越多，反而越不快乐。大概是因为我们每每欲望太多，而遂了心愿的，总是要比渴望的少。心是一个容器，装下太多欲望，就容纳不了幸福。

不美好，却也不单调

如果人类的灵心都是高贵的，那么我们将完全变成合理的动物，没有罪恶，没有弱点，也没有错误的行为。如果真是这样的话，这世界将变成一个多么乏味的世界，我们一定会变成极讨厌的动物。（《论灵心》）

这世界永远不可能整齐划一，而人心也永远是高尚和卑下并存，阳光与黑暗同在。也幸好有了这些缺憾，我们才有机会体味百态人生。

不妨随性而至

讲求效率，讲求准时，及希望事业成功，似乎是美国的三大恶习。美国人所以那么不快乐，那么神经过敏，原因是因为这三种东西在作祟。于是享受悠闲生活的天赋权利被剥夺了，许多闲逸的、美丽的、可爱的下午被他们错过了。（《生活的艺术》）

人生如果谋划得太过理性，规定得过于刻板，可能会错失很多的意外之喜。有时候不妨随性而至。

第二章

做人做己、为人处世

我们的生命只有一次。今世，请务必对自己负责，清白自持，不卑不亢，做一个有操守的自己。

我们与他人的交会、遇见，也许是百世的缘分在今生的闪现。现世，请务必对遇见的人负责，遵守承诺，不弃不离，做一个赤诚忠心的自己。

风景，并不唯一

个性既然不能强固，千古不易的抽象典型，也就无从成立。以昆曲标准评秦腔，固然一无是处。拿Beethoven的合奏曲与非洲野人的舞乐相提并论，也是低能。（《新的批评》）

若将世界比作一座巨大的园林的话，人就如同点缀其中的溪流与飞瀑、假山与石屏、亭台楼阁，姹紫嫣红。每个人都是一处景致，并且是一方独一无二的美景。所以徜徉其间，断不可以溪流的透迤清澈，抹杀飞瀑的激越灵动；万不能以假山的惟妙惟肖，抹杀石屏的精美绝伦；亦不可以亭台楼阁的玲珑有致，抹杀姹紫嫣红的鲜艳欲滴。

性格乃天成

我们的热情或情感是随生命而同来，无可选择，正如我们不能择拣父母一样。我们不幸天生就有一种冷静或热烈的天性，这是事实。（《生活的艺术》）

有人生来就善感多愁，有人生来就乐观开朗，有人生来就情感丰富，有人生来就被动冷淡。有人自信果敢、干脆干练，有人却畏首畏尾、优柔寡断。

于是，轻率不踏实的艳羡别人冷静、理智，而木讷、落落寡欢的又恨不得自己能活泼健谈。但每个人都是独特的，我们必须发现自己性格上的闪光点。也就像罗曼·罗兰说的那样："每个人都有他隐藏的精华，和任何别人的精华不同，它使人具有自己的气味。"

宁要鲁莽的热情，不要无过的冷漠

一个热情而有情感的人，或许会做出一些愚蠢和鲁莽的事情，可是一个无热情也无情感的人却好像是一个笑话或一副讽刺画了。（《生活的艺术》）

四平八稳的性格，当然少有冲动和冒进，可以少犯错误，甚至无咎可责。然而，四平八稳过了头，也有堕入另一端的危险：凡事缺乏热情，进而麻木不仁。这样的人生，毕竟单调、苍白了些。就如朱德庸在一则微博中说的："没有热情的人生，有时候活着就好像已经死了。"

衰老，有时跟生理年龄无关，而是和对生活的热情程度相关，因为"年年岁岁只在你的额上留下皱纹，但如果你在生活中缺少热情，你的心灵就将布满皱纹"（塞缪尔·厄尔曼语）。

得到的与失去的

我们在获取“世事经验”的过程中对于我们的天性曾多方摧残，我们学会了硬心肠，学会了虚伪矫饰，学会了冷酷残忍，因此在一个人自夸他已获得了很多的人世经验时，他的神经显已变得不锐敏，而麻木迟钝此种现象尤其是在政界为最多。结果世界上多了一个伟大的“进取者”把别人挤在一旁，而自己爬到树顶，世界上从此多了一个意志刚强、心志坚定的人，不过感情——他称之为愚笨的理想主义或多情的东西——在他的胸怀中的最后一些灰烬，则也渐渐的熄灭了。（《生活的艺术》）

如果经验的获得是逐渐蚕食同情、良知的过程，如果经验的获得是一点点失去热情、诚挚的过程，倒宁愿这世界上从无“经验”之说。

忠奸的辨别之法

察人之忠奸佞正，只可求之于风骨，不可求之于言辞；只可求之于细行，不可求之于诗文。（《今文八弊》）

对人之忠奸的辨别，向来为难事。古人甚至为它专门发明了一种神兽，叫“獬豸”。此物其貌似羊非羊，似鹿非鹿，体形大者如牛，小者如羊，状若麒麟，身披黑毛，双目明亮如炬，烛照一切。

汉代杨孚《异物志》中言此兽“性别曲直。见人斗，触不直者。闻人争，咋不正者”。

然则，獬豸之说，不过假托于神异罢了，而忠奸之辨，说难亦难，说容易却也容易。一个人细微的言行和举止，常常是其内心本性的无意识流露，只要细加察看，必有分晓。此所谓“听其言而观其行”（《论语·公冶长》）。

心底欠宽则少容

人之心理，总是自以为是。所以有吮痈之癖。自己萎弱，恶人健全；自己恶动，忌人活泼；自己饮水，忌人喝茶；自己呻吟，恨人笑声，总是心底欠宽大所致。（《方巾气研究》）

东坡访佛印，与佛印坐而谈。东坡问曰："以大师慧眼看来，吾乃何物？"

佛印说："贫僧眼中，施主乃我佛如来金身。"

东坡甚悦，乃谑佛印曰："以吾观之，大师乃牛屎一堆。"

佛印只笑曰："佛由心生，心中有佛，所见万物皆是佛；心中是牛屎，所见皆化为牛屎。"

近现代西方心理学给这段公案下了个定义，叫"投射效应"。古老的东方文化对此早有所探，佛家之谓"境由心造，魔由心生"，儒家之谓"君子坦荡荡，小人常戚戚"。

矫枉过正同样是错误的

有理性的戒酒者有时也要喝上几杯，有理性的戒赌者也高兴打一下扑克，而有理性的素食者也时常喜欢尝一些南京板鸭或是带血牛排的，好像孔子也曾说过，即使发现了最伟大的科学真理却变成非人道，则又有什么好处呢？（《素食者的自白》）

两千多年前，孔子就讲过“过犹不及”的道理。

宋代秦观也深知其害：“士大夫矫枉过直，邈然以风裁自持，不复肯言财利之事。”（《财用上》）

蒲松龄更是细数矫枉过正的遗毒：“或有避其谤者，又每矫枉过正，至坐视儿女之放纵，而不一置问。”（《聊斋志异·细柳》）

哪知世事轮转，现代人还是不能幡然悔悟，凡事不懂适度，不知中庸，这不值得我们深思吗？

聪明与良知

聪明以为可，良知以为不可，则不可之；聪明以为不可，则良知以为可，则可之。良知为主，聪明为奴，其人必忠；良知为奴，聪明为主，其人必奸。（《哀莫大于心死》）

世间事看似纷纷扰扰，剥开来却也简单明了，只一个“良心”罢了。有什么值得挣扎与纠结的呢？

说开来，良心不过是个“是非心”罢了，但这“是非心”却不可小觑：它是“最佳的决疑者”（罗曼·罗兰语）；是“善与恶的万无一失的评判者”（卢梭语）；更是“行为和理智的捍卫者”（苏霍姆林斯基语）。

爱就爱了

我喜爱某些东西，因为我喜爱它们。如果有人问起我为什么喜欢它，我的回答是："正因为我喜欢它。"（《我爱美国的什么？》）

如果你愿意，你当然可以为"喜欢"和"爱"列举许多理由：一、二、三、四……

然而，你当然也可以坚决地反诘："还需要理由吗？喜欢就够了！"

是的，"喜欢"和"爱"，是奇妙的情绪。很多时候，它拒绝理性的论证，也拒绝科学的求解。

何妨一痴

人生必有痴，必有偏好癖嗜。没有癖嗜的人，大半靠不住，而且就变为索然无味的不知趣的一个人。（《论趣》）

朱元璋说：“人君生当谨嗜好。不为物诱，则如明镜止水，可鉴照万物。一为物诱，则如镜受垢，水之有滓，昏翳汩浊，岂能照物？”（《明太祖实录》）

嗜好，确然有俗雅、高下之分，且易成为软肋和缺口，为人利用。

然则，寻常人物，既无涉权位，不妨听从巴尔扎克的别解：“一个人染上了一种嗜好，什么烦恼，什么无名的愁闷，都再也伤害不到他的心。你们之中凡是没法再喝到欢乐的美酒的人，不妨想法去搅上一个收藏的瘾，不管收什么（连招贴都有人在收集呢）。那时你即使没有整个儿的幸福，至少能得些零星的喜悦。所谓癖好，就是快感的升华。”

道不同不相为“谈”

谈话应是遇见知己，开畅胸怀，有一人两脚高置桌上，一人坐在窗槛上，又一人则坐在地板上，由沙发上拿去一个垫子作坐垫，使三分之一的沙发空着。因为只有当你的手足松弛着，身体的位置很舒服的时候，你的心灵才能够轻松闲适。到这个时候，对面只有知心友，两旁俱无碍目人。（《论谈话》）

“酒逢知己千杯少”，意气相契的三五好友，相约小聚，无拘无束，或坐或卧，或倾诉或倾听。说者随性谈来，漫无目的，海阔天空，不为是非，但求适意。听者如风过耳，不必较真，亦不必执意，此当为人生的小至乐了。

勿失赤子之心

没有一个小孩子是生来就是冷心的，当我们渐次失掉那种少年心时，我们才会逐渐失掉我们的热情。（《生活的艺术》）

“大人者，不失其赤子之心者也。”（《孟子·离娄下》）

婴孩的心，纯净、清澈、天真、拙朴、好奇、宅心仁厚。婴孩的心，开放、敞亮、真挚、温情、求索、仁义厚德。

它如璞玉，不华美而凝厚；它如浑金，不耀眼而贵重；它是上苍给我们的最原初的恩荣，也是上苍给我们的最慷慨的赐予。

正因为它的珍贵，也正因为它的原始，它又是我们一生最容易丧失的瑰宝。所以我们须时时警醒着，这赤子之心被玷污和沾染。没有了赤子之心，就像是生命的长夜里没有了星光，人生的冬夜里缺失了温暖。

持守赤子心，出淤泥而不染

在我们生活的某一时期中，我们热情的天性是被一种邪恶的环境所摧残压制，挫折或剥削，其所以如此，大概是由于我们没有留意使之继续生长，或者是我们不能从这种环境里解脱出来。（《生活的艺术》）

在人生的素笺上，是随波逐流地任意涂鸦，还是矢志不渝地工笔细描？

尘世纷扰，心免不了会蒙尘。生活的“潜规则”，与人心总是不期然地碰撞、龃龉、抵牾。赤子之心的守候，遇上了最尴尬的环境和氛围，该何去何从？

当然，得过且过也是一生，艰辛努力也是一生，何不舍难求易？是啊，我们不能强求所有人的活法，只是，这世间人并非有高低贵贱之分，但的确有三教九流之别。

做人何必太精明

人生在世，应当马马虎虎，糊糊涂涂，才会腾达，才有福气，文人每每是非辨得太明，泾渭分得太清。黛玉最大的罪过，就是她太聪明。（《做文与做人》）

人情当然有冷暖，世态肯定有炎凉。这人尽皆知的事实，偏生有人大惊小怪，不能冷静认领。何必一定要说“世情如纸薄”，又何必一定要道破“人走茶便凉”。世事可以看破，却不必一定非要说“破”；如果无心说“破”，却不可以当真做“破”。因为“世界本来就有缺陷，人心本来就是圆满。我们应当以圆满的人心，去圆满有缺陷的世界。不应当以有缺陷的世界，去缺陷圆满的心”（陶觉语）。

常怀谦虚之心

一个人能偶尔觉得自己十分渺小时，于他很有益处。（《生活的艺术》）

“惟天地，万物父母；惟人，万物之灵。”《尚书·泰誓》一语将人类的自豪感与自信感显露无遗。自信与自豪固然是好事，却怕导向另一个反面：自大与盲目。

人唯有感到自身之渺小，方能对万物心生敬畏，谦敬平和。

这渺小感，不是自卑，而是自知与清醒，是王勃临滕王阁时“天高地迥，觉宇宙之无穷；兴尽悲来，识盈虚之有数”的悲慨，是陈子昂登幽州台时“前不见古人，后不见来者，念天地之悠悠，独怆然而涕下”的孤独，是苏轼泛舟赤壁时“寄蜉蝣于天地，渺沧海之一粟。哀吾生之须臾，羡长江之无穷”的伤感。

这渺小感是自大时的一帖清醒剂，是自矜时的一剂温良方。

常思过，少推责

我想世界上思过的人总是少，推责的人总是多，不仅对道德一端如此而已。（《摩登女子》）

人习惯将眼睛放在别人身上，将别人的差池看得清晰明了，却偏偏忘记自我反省。

贤明如曾子，尚且“吾日三省吾身”，反省的是“为人谋而不忠乎？与朋友交而不信乎？传不习乎？”（《论语·学而》）。其指向的是他人，是外物，也是自我。审察的是忠诚，是信用，亦是操守。叩问的是职业，是社交，更是生命。

在自我反省中，自己也会不断进步。只有“日三省乎己”（《荀子·劝学》），才能让生命的境界不断得到提升。如果能够做到这些，人生中又有何忧何惧呢？

顺从本心

我素来喜欢顺从自己的本能——所谓任意而行，尤喜自行决定什么是善，什么是美，什么不是。我喜欢自己所发现的好东西，而不愿意人家指出来的。（《林语堂自传》）

做一个有主见的人。这主见教你独立思考、自行辨别，使你免于人云亦云、亦步亦趋。

忍与不忍

韩信能过妇人胯下，封淮阴侯，而卒不免于死。当时若肯打妇人两下嘴巴，未必结局如此。

有忍辱负重者，亦有忍辱而负重不起者。有委曲求全者，亦有委曲而求全不到者。（《烟屑》）

我们记住了孔子“小不忍，则乱大谋”的忍气吞声，可是我们忘记了他“是可忍孰不可忍”的怒目金刚。

我们记住了辛姆洛克“忍耐之草是苦的，但最终会结出甘甜而柔软的果实”的善意规劝，可是我们忘记了莎士比亚“容忍罪恶的人，本身就是罪人，因为他是世上一切罪恶的根源”之严正警告。

事有当忍，有不当忍。面对邪恶，面对凶残，有何可忍？

不要道德评判官

天下的马贼、讼棍、乡妪、村婆没有不相信自己的态度是公正宽宏的。（《回京杂感》）

人常常忘了“人非圣贤，孰能无过”的古训，又往往“一叶障目，不见泰山”。凡事偏爱强作道德判官：张三不该忘恩负义，李四不该过河拆桥，王五不该恩将仇报，马六不该以德报怨。两片嘴唇轻轻一碰，便置人于万劫不复之地。然而他们终究忘了“事出有因”和“过而能改，善莫大焉”（《左传·宣公二年》）。

顺乎本性，身在天堂

对我自己而言，顺乎本性，就是身在天堂。（《八十自叙》）

庄子有言曰：“凫胫虽短，续之则忧。鹤胫虽长，断之则悲。”（《庄子·骈拇》）

可见，庄子将顺乎本性与自然视为人生的最高法则，以期达到逍遥游之境界。佛门也讲究无所挂碍、随缘取舍，言异而理同。人的本性，不应为外物所役使与左右。唯有顺乎本心与自然，才能获得大平静与大恬淡，也才可得大从容与大自我。唯有顺乎本性和自然，才能获得人生的幸福与快乐、圆满与知足！

为人须刚柔相济

为人必刚柔相济，外圆内方。若一人全不竖起脊梁骨，委蛇曲顺，也太少大丈夫气了。刚柔相济，而后得艺术和谐。（《论曲线》）

曾国藩有言："近来见得天地之道，刚柔互用，不可偏废，太柔则靡，太刚则折。"

曾国藩着重于为官之道的刚柔并济。其实为人处世之道，何尝不讲究刚柔相济？过柔易为人辱，过刚则易为人折。

刚，要刚在尊严，刚在人格，刚在品行。关涉大局、整体、人格与节操时，必须"其刚不可折"。柔，要柔在胸怀，柔在气度，柔在姿态。无关宏旨之处，不妨退避示弱。然则柔而有度，"其柔不可卷"。

取媚于世必失态

文人好相轻，与女人评头品足相同。世上没有在女人目中十全的美人。一个美人走出来，女性总是评她，不是鼻子太扁，便是嘴太宽，否则牙齿不齐，再不然就是或太长或太短，或太活泼，或太沉默。文人相轻也是此种女人入宫见妒的心理。军阀不来骂文人，早有文人自相骂。一个文人出一本书，便有另一文人处心积虑来指摘。你想他为什么出来指摘，就是要献媚，说你皮肤不嫩，我姓张的比你嫩白，你眉毛太粗，我姓李的眉毛比你秀丽。于是白话派骂文言派，文言派骂白话派，贵族文学派骂普罗，普罗骂第三种人，大家争营对垒，成群结党，一枪一子，街头巷尾，报上屁股，互相臭骂，叫武人见了等于妓院打出全武行，叫路人看热闹。文人不敢骂武人，所以自相骂以出气，这与向来妓女骂妓女，因为不敢骂嫖客一样的道理，原其心理，都是大家要取媚于世。（《做文与做人》）

息了名利心，这世间自然少却许多丑态。

耐得住寂寞

凡是深潭之路都是迂远的，要坠到渊底须经过很长的时间。（《萨天师语录》）

人这一生，抛却浮华与虚荣，说到底只是一场自我修行的旅程。只有耐得住寂寞，经得起诱惑，才能成就明净的心性。

金无足赤，人无完人

人无完人，难以至善，但善良、规矩、辨是非、近情理、有错能改就好。（《我的信仰》）

“黄金无足色，白璧有微瑕。”（宋·戴复古《寄兴》）面对他人的错误，当持一颗宽宥之心，面对自己的错误，也应有一颗容恕之心。犯错并不可怕，可怕的是不知悔改。

言语者君子之枢机

在这熙熙攘攘、世事纠纷的世界，只有一字可作标准，就是“直”。一人宁可说襟腑独见的落伍话，不可说虚伪投机的合时话。说襟腑独见的落伍话，至少良心无愧，落伍得痛快，落伍得傲慢。而且即使一时见解错误，尚有生机。说虚伪投机的合时话者，方寸灵明已乱，不可救药。（《时代与人》）

唐人吴兢云：“言语者君子之枢机，谈何容易。”可见，言谈是判断人品的一项重要标准。恒持操守之人，对于言谈也有着独特的“洁癖”：哪怕所谈落伍或不合时宜，亦决不趋时阿谀与奉承。

舍己耘人

人心之不同如其面，要脚踏实地，不可舍己耘人。（《论读书》）

“人病舍其田而芸人之田，所求于人者重，而所以自任者轻。”（《孟子·尽心下》）孟子讲的是修身养性的道理。他认为人之弊，在于弃己田不耕，反越俎代庖到别人田中除草，皆因严于律人，宽于律己。

然则，现如今情势却大相径庭：人弃己田不耕，却是厚他薄己，“向外觅菩提”，以为只有别人的田里才能长出良禾嘉卉，自己的田地则贫瘠得不宜耕作。人固然不能自视甚高、敝帚自珍，却也不必妄自菲薄、自我否定。

寻找迷失的自我

我们演戏的本能是根深蒂固的，以致我们常常忘记离开舞台，忘记还有一些真正的生活可过。因此，我们一生辛辛苦苦地工作，并不是依照自己的本性，为自己而生活，而只是为社会人士的喝彩而生活，如中国俗语所说老处女“为他人作嫁衣裳”。（《生活的艺术》）

若将人生比作一出戏的话，每个人都是戏中的一个角色，在不同的戏中，演不一样的戏份。每场戏都有主角，有配角，有龙套，有小丑。锣鼓一开，戏中人悉数粉墨登场。不同的是，有的角色身在戏中却始终清醒，有的角色却沉醉其中忘了自我。

空谈不如实干

抽象的辩论愈多，则人安身立命之道愈丢在脑后。(《论东西思想法之不同》)

宏大的道理人人都能讲得慷慨，激昂的高调也人人都可以喊得昂扬。然而人生在世，安身立命的道理远比我们考虑的简单：无非理想加实干。

荀子说过："道虽迩，不行不至；事虽小，不为不成。"（《荀子·修身》）即便路程再近，不挪动脚步也不能到达；即便事情再小，不动手实践也无法实现。

空谈千遍，倒不如实干一件。恰如高尔基所言："要是我们只限于梦想，那么谁来使生活成为美丽的呢？"

和平时代的斗士

生活就是奋斗，静默绝不是好现象，和平更应受我们的诅咒，倘是大家不能肉搏击斗，至少亦得能毁咒恶骂，不能毁咒恶骂，至少亦须能痛心疾首的憎恶仇恨，若并一点恨心都没有，也可以不做人了。（《打狗释疑》）

和平时代更需要斗士。这斗士不是披坚执锐，冲锋陷阵，出入敌营。这斗士，仅仅是秉着公平、公正、仁爱之心，永存天良。这斗士仅仅是不盲从、不蒙昧，不弄虚作假、粉饰太平，不泯良知。

心存恒念方不敷衍

若心中本无确定之目标，本无主裁，见事而疑，知难而退，于是生出糊涂了事，敷衍委蛇之局面，今日事发，只图今日对付，明日事发，再图明日对付，此时并行亦不易亦。（《哀莫大于心死》）

人们常常在岁末感慨时间如“白驹过隙，倏忽而逝”，一事无成；也常常在年余慨叹无数壮语豪言“皆随水流花谢去”，“梦不留痕”。

时间当然以“逝者如斯夫”的态势一去不返。世故也当然以“山中方一日，世上已千年”的速度变迁。世事无常，皆不由我。而“我”所能做的，只有心存恒念，持之如一。心中有恒，方能化腐朽为神奇。

心正则身修

心浮气躁对心神有害……正直自持，则外邪不能侵……一个万恶不能侵入的世界，自然是一个使人乐观奋斗的美好世界，自然活在如此的一个世界的人会有勇气，能奋斗，也能忍受。（《京华烟云》）

一个人面对外界的扰攘，内心不能平静自持时，当然有可供推脱的理由，说“树欲静而风不止”。

然而“无欲则刚”，“菩提本无树，明镜亦非台。本来无一物，何处惹尘埃”。的确，心若纯净如一，又怎能沾染污秽？意若坚定如一，又如何动荡摇摆？

古今事，付笑谈

夫人生在世，所为何事？碌碌终日，而一旦瞑目，所可传者极渺。若投石击水，皱起一池春水，及其波静浪过，复平如镜，了无痕迹。唯圣贤传言，豪杰传事，然究其可传之事之言，亦不过圣贤豪杰所言所为之万一。孔子喋喋千万言，所传亦不过《论语》二三万言而已。始皇并六国，统天下，焚书坑儒，筑长城，造阿房，登泰山，游会稽，问仙求神，立碑刻石，固亦欲创万世之业，流传千古。然帝王之业中堕，长生之乐不到，阿房焚于楚汉，金人毁于董卓，碑石亦已一字不存，所存一长城旧规而已。鲁迅投鞭击长流，而长流之波复兴，其影响所及，翕然有当于人心，鲁迅见而喜，斯亦足矣。宇宙之大，沧海之宽，起伏之机甚微，影响所及，何可较量，复何必较量。（《鲁迅之死》）

人生，半为真实，半是虚无。真实的是冷暖寒凉，虚无的是功名利禄。每个人各自轨迹不尽相同：纵使“当年笏满床”，而今不也是“陋室空堂”；尽管“曾为歌舞场”，而今却“衰草枯杨”。生命，无论矜贵还是寻常，最终不过是“一抔黄土掩风流”。既如此，何不将“古今多少事，都付笑谈中”（明·杨慎《临江仙》）。

形不为物役

在这世上享盛名居高位的人，能够保存本性的，真少而又少，也只有这一种人自知是在做戏，他们不会被权势、名号、资产、财富等人造的幻想所欺蒙。当这些东西跑来时，他们只用宽容的微笑去接受，他们并不相信他们如此便变成特殊，便和常人不同。这一类的人物是精神上伟大，也只有这些人的个人生活始终是简朴的。（《生活的艺术》）

真正的洒脱，是庄子式的“处穷闾阨巷，困窘织屦，槁项黄馘”（《庄子·列御寇》），是孔子式的“饭疏食饮水，曲肱而枕之，乐亦在其中矣。不义而富且贵，于我如浮云”（《论语·述而》），是颜子式的“一箪食，一瓢饮，在陋巷，人不堪其忧，回也不改其乐”（《论语·雍也》），更是孟子式的“富贵不能淫，贫贱不能移，威武不能屈”（《孟子·滕文公下》）。固守清贫，志节固然超拔，而处于富且贵之中，心神不为现实的享受与便利所役使，在境界上则更胜一筹。

孟夫子喜欢在雨里跑

孟夫子一定喜欢在雨里跑，你知道不？

你怎么知道？

我想一定是，因为孟子说：“大人者不失其为赤子之心。”（《红牡丹》）

每个人心中，大概都有一种不灭的渴望：像个婴童一般，所有的喜怒哀乐都随心而抒，明澈自在，毫不掩饰。那不灭的渴望背后，是我们随着年华渐增而慢慢稀薄的童真。

小聪明与大糊涂

吾所知者，中国人既发明以聪明装糊涂之聪明的用处，乃亦常受此种绝顶聪明之亏。凡事过善于计算个人厉害而自保，却难得一糊涂人肯勇敢任事，而国事乃不可为。（《中国人之聪明》）

对个人蝇头小利斤斤计较，纵使偶有所得，也只能是小聪明。在大局上推诿、逃避，纵使全身而退，也只能是真糊涂。

无好恶无是非

人不可无好恶，好恶得其正，斯可矣。文不可无是非，是非得其平，斯可矣。是故八面玲珑，无好恶是非者，鲜不为奸。（《烟屑》）

一个人不可太古板，太古板则不近人情。亦不可太圆滑，太圆滑则无特操。

幽默不是逞口舌之利

有时我们把幽默和机智混为一谈，或者甚至把它混淆为对别人的嘲笑和轻蔑。实际发自这种恶意的态度，应称之为嘲谑或讥讽。嘲谑与讥讽是伤害人的，它像严冬刮面的冷风。（《论东西文化的幽默》）

梁实秋说幽默是“虚而不妄，刺而不伤”（《文学里的“幽默”》），又说“讽刺文学的对象不应该是对个人的，而是应该以比较普遍的现象为鹄的。个人攻击永远不能得人同情，此类文学对一般读众亦绝无益处。讽刺总归还是善意，还是出于与人为善的一点同情；与世绝缘的人便用不着讽刺。所以讽刺文学的作家，可以不需要那一股灭此朝食似的凌厉之气，却需要那悲天悯人的胸怀”（《讽刺文学》）。

所以幽默绝不是逞口舌之利，幽默的底色是悲悯和关爱。

明心见性之道

我想心不必明，性不必见，只看看小孩好了。（《论买东西》）

杂念与欲望少，心境才能澄明，万象也才能真实地呈现。不必刻意苦苦修炼，只要多和孩童在一起，自然会感染其纯真。

抽身反观

精神分析学家在医治有精神病的病人时，常常使他们回忆过去的事情，使他们用客观的眼光去观察他们自己的生活。（《谈灵心》）

不特精神病人，每一个健全人都需时时抽身反观，不夸张地说，很多时候他们会发现自己的表现像极了精神病人。

做人的简单道理

人生社会有什么了不得的问题，何必谈什么玄虚？做人的道理讲好了，还有什么可怕？这样循这条路走去，就可为顶天立地的大丈夫。就使不能建立什么彪炳的事业来，至少也可成一个有操守气节的人。（《孟子说才志气欲》）

不论是“见利不忘其义，见死不更其守”的劝诫，还是“不重币而富，不轻冕而贵”的警语，说的都是操守和气节乃人之为人的根本与基石。有气节和操守，方能“穷达沉浮身外事”。

人非机器

人生要节，都是超乎规矩方圆数学范围之外。因为人之所以为人，而非机器号码，正在其心理叵测，心理叵测之处，也正是人事推移之所系。（《啼笑皆非》）

有人迷信“科学、逻辑及理性”的伟力，凡事必有所规划，事事按部就班。如此步步为营当然常常事半功倍，然而一旦牵涉到“人事”，往往发现事与愿违，局势并不朝着自己的规划发展。何故？人，终究是感性的动物，情绪和一闪念常常占了上风，不能做到计算机般精准无误和有规可循。

也正因如此，人生才能从刻板和单调中挣脱出来，拥有无限的可能和不期然的精彩。

吾爱吾师，更爱真理

当一个人错误的时候，他就是错误的，不必因震于他的人名，或震于他的高深学问而对他有所畏惧。（《生活的艺术》）

还记得亚里士多德那句流传至今的名言吧？“吾爱吾师，吾更爱真理！”其如洪钟大吕，从希腊远古的天空翻腾逶迤而至，并将继续响彻在历史长河之中，荡涤着每一个热爱真理之人的心扉。

因缺点而真实

我很愿意承认吸烟是道德上的一个弱点，但在另一方面，一个没有道德弱点的人，也不是可以全然信任的。（《生活的艺术》）

人，总是渴望自己能够尽可能完美。然而，人又常常对那些完美的人望而生畏。也许，潜意识中，我们都认同：带些缺点和瑕疵，才显得真实而近乎人情。

你不爱自己，谁人更爱你？

我们须对己身施行仁慈慷慨，方会对别人施行仁慈和慷慨。一个女人即使极致力于市政事业，极致力于改进一般的社会情形，但她自己则只能在一副两眼煤气灶上煮饭烧菜，每顿只有十分钟的吃饭时间，这于她又有什么益处？（《生活的艺术》）

《诗经·氓》讲述了一个女子因爱情不在而生的眼泪与悲愤、委屈与怨恨。女子的遭遇固然令人同情，男子的薄情固然令人愤慨。然而，从另外一个角度看，女子又何尝不是咎由自取呢？她在夫家“三岁为妇，靡室劳矣；夙兴夜寐，靡有朝矣”。早起晚睡操劳于室，勤奋固然勤奋，却不懂得爱自己，你不爱自己，谁人更爱你呢？

含蓄方有韵致

我想女人略带含蓄静娴，才有意思。这如唐诗，可以慢慢咀嚼。美国女子，就如白话诗，一泻无遗，所以不能耐人寻味。女人与男子平等，谁不知道，但是锋芒太露，风韵就少了。（《斐尼斯记》）

女子当然可以有敢爱敢恨的率真与坦诚，当然可以有敢说敢做的直爽坦诚，也当然可以像个雷厉风行的“汉子”和“爷们”。

然而，女子之为女子，以及男子之为女子所吸引，恰在于那份“女人味”。这“女人味”是内敛，是含蓄，是欲说还休，是徐志摩笔下“那一低头的温柔，像一朵水莲花不胜凉风的娇羞”（《沙扬娜拉》），是戴望舒眼中“丁香一样地，结着愁怨的姑娘”（《雨巷）》。这“女人味”是委婉，是蕴雅，是欲言又止，是李白诗中的“美人卷珠帘，深坐蹙蛾眉”（《怨情》）的节制，是温庭筠词中“梳洗罢，独倚望江楼”（《望江南》）的含蓄。

平常心待成败

在道家看来，有识之士在成功时是不以为自己成功的，在失败时也不以为自己是失败的，只有一知半解的人才把外表的成功和失败当作绝对真实的事情。（《生活的艺术》）

“祸兮福之所倚，福兮祸之所伏”（《老子·五十八章》）。哪里有完全的得失，哪里有绝对的成败。

认识你自己

我们是谁呢？这是第一个问题。这个问题几乎是无法解答的。可是我们都承认在我们日常生活中那么忙碌的自我，并不完全是真正的自我。我们相信我们在生活的追求中已经失掉了一些东西。（《生活的艺术》）

德尔斐的阿波罗神庙前刻着的那句“认识你自己”，与其说是神谕，不如说是箴言。这项重任将宿命般伴随人类的全部历史。

只是很多时候，我们恰如尼采痛苦地感受到的那样：“我们无可避免地跟自己保持陌生，我们不明白自己，我们搞不清楚自己，我们的永恒判词是：‘离每个人最远的，就是他自己。’——对于我们自己，我们不是‘知者’……”

静下心，与自己的内心对话，这也许才是通往自我的最佳之道。

不可心智狭窄

小官员幻想着自己的伟大，交际场中的暴发户夸耀他的珠宝，幼稚的作家幻想自己跃登作家之林，马上变成较不简朴、较不自然的人。这些都足以表示心智之狭小。（《生活的艺术》）

一则老笑话：古时二农夫劳作乏累，于田间地头稍事休息，闲聊中，畅想皇帝奢华生活。其一言："皇帝必然顿顿白面馒头吃到饱！"另一个说："岂止！皇帝下田必然使用金锄头！"

两农夫以有限的想象力推测皇帝吃穿用度，却脱不开自己浅薄的生活经验的窠臼。世间有多少人像他们一样，成为笑料却不自知。

你的心智，将决定你的人生：心智宽，则人生无限延展；心智醇，则人生无限深厚；心智薄，则人生势必粗浅；心智狭小，则人生势必孤陋。

机会这个东西，与女子出嫁一样

断定一个人将来的出路，五成是看机会，五成是看个性。机会这个东西，与女子出嫁一样，只是靠“碰”字，不可误解。碰是两方相碰。非单方的事，也不是纯粹被动。（《读书阶级的吃饭的问题》）

那些常常作出怀才不遇之慨的人，大概忘记了这样一个简单的事实：机遇总是偏爱有准备的头脑。

抱元方可守一

人总会矛盾破碎的，抱一守一才能一贯。现代人就如破镜破琴，破镜照出散乱之影，破琴奏出沙哑之声。欲要影正音谐必先调和自身，和谐就是仁的境界。儒家应世求人情之正、道家归真返朴，相差无几。（《四谈螺丝钉》）

世间几多纷扰，唯其抱元方可守一。外界何其喧嚣，只有凝神内敛，心神方能沉静。

友谊如水愈淡愈久

水没有刺激的味道，但是人永远不会对之生厌。真诚的友谊永远不会特别表白的。真正的好朋友彼此不必通信，因为既是对彼此的友情信而不疑，谁也不须要写什么，一年分别后，再度相遇，友情如故。（《苏东坡传》）

“君子之交淡如水”（《庄子·山水》）。

这淡如水，不是如死水一潭，“清风吹不起半点漪沦”（闻一多《死水》），而是如清溪一泓，“泉如湛露味甘香”（明·晏璧《七十二泉诗》）。

这淡如水，是细水长流，是润物无声，所以王蒙深情款款：“友谊不用碰杯，友谊无需礼物，友谊只不过是我们不会忘记。”

这淡如水，是信任，是托付，所以纪伯伦自信满满：“在友谊里，不用言语，一切的思想，一切的愿望，一切的希冀，都在无声的欢乐中发生而共享了。”

知足的意思是，不太多，也不太少

因为我是一个知足的人，我并不希望得到更多，但也不要太少。那是我的一点长处。（《美国人》）

《道德经》有云：“罪莫大于可欲，祸莫大于不知足。”

《孟子·尽心下》亦有云：“养心莫善于寡欲。其为人也寡欲，虽有不存焉者，寡矣；其为人也多欲，虽有存焉者，寡矣。”

言殊而理同，讲的都是知足常乐的道理。

修身养性，再没有比削减欲望更好的办法了。欲望寡淡了，心就能充盈和阔达。平常之事，亦能给人意外的惊喜和收获。

然而要警惕走入另一个极端：连正常的愿望和念头也不敢有，由寡欲沦入禁欲。

做你该做的，得你该得的，才是圆满的知足常乐。

“成”“败”在于一念间

成功的欲望和失败的恐惧，两者是差不多的东西，有了这个聪明的意念，成功的欲望就不会太热切了。一个人的事业越是成功也就越怕。不可捉摸的功名报酬及不上隐晦所得的利益。（《生活的艺术》）

你最期盼成功给你带来什么，也就最恐惧失败会夺走你什么。

隐秘的欲望一旦得到安抚与清理，心湖上的涟漪便渐渐消散了。

人性的一点真

有个性（风味）的人，你看见就喜欢，因为你看见一点真。（《风行水上的潇洒》）

有时候，我们可以容忍一个有真性情的人不伤大雅的狂傲，是因为我们在这狂傲里看到了人性的未经雕琢和天真质朴。

被忽视的财富

一颗良好的心，一种爱人的性情，一种坦直、诚恳、忠厚、宽恕的精神，可以说是一宗财产。（《一颗善心》）

我们常常眼热于珠石，贪慕于宝玉，却忘记了自身的富足、殷实——我们心怀的那颗善心，是我们最大的财富与资本。

人穷，亦不可志短

经济的出路是一事，做人的出路又是一事，两者应划分清楚。（《读书阶级的吃饭问题》）

中国有句老话叫“人穷志短，马瘦毛长”，似乎替很多人在节操上作了不必要的妥协和退让，找了经济上的说辞和借口。然而，这借口不见得站得住脚，切莫忘了孟子那句“贫贱不能移”。

第三章

两性、情感与家庭

我们多么渴望灵魂的绝对自由，精神的绝对放逸，心灵的绝对轻松。

然而，我们何曾毫无挂碍地生活过一天？

人生路上，亲情在左，友情在右，爱情如影随形。

我们曾为之苦恼，为之纠结，为之叹息，为之哀婉。

然而，若无此，我们孑然一身地行走于漫漫长途，又当如何孤独？如何凄然？如何无助？

那些让我们蹙眉的情感，终究不能抵消它带给我们的巨大温暖和安慰。

爱是恩慈

吾所谓钟情者，是灵魂深处一种爱慕不可得已之情。由爱而慕，慕而达则为美满姻缘，慕而不达，则衷心藏焉，若远若近，若存若亡，而仍不失其为真情。此所谓爱情。（《苏东坡与其堂妹》）

真正的爱情是什么呢?

是应该爱的时候投入地爱了，是应该渴望时全心地渴望了，是应该争取时真诚地努力了。

爱情，还是应该放手时放手了，应该隐忍时隐忍了，更是应该祝福时祝福了。

爱情，是让人想起来的时候如三月的暖风撩拨心头，是温暖、舒心；爱情是让人回忆起来的时候虽不免伤怀，却仍情意绵绵。

爱情，不光是为获得爱时那赴汤蹈火、在所不惜的决心，还是爱而不得时的真心祝福和体谅。

有爱情与痛苦的一生，究竟是值得的

有爱情有痛苦的一生是否不如无爱情无痛苦的一生，谁也不敢确言……我们倒易于相信有爱情与痛苦的一生，究竟是值得的。（《京华烟云》）

是的！爱情，并非只有两情长久、朝朝暮暮的相互厮守，还有“相见时难别亦难，东风无力百花残”（唐·李商隐《无题》）的凄楚。

爱情，并非只有“金风玉露一相逢，便胜却人间无数”（宋·秦观《鹊桥仙》）的欣喜，还有“还君明珠双泪垂，恨不相逢未嫁时”（唐·张籍《节妇吟》）的遗憾。

爱情并非只有“死生契阔，与子相悦；执子之手，与子偕老”（《诗经·邶风·击鼓》）的山盟海誓，还有“玉勒雕鞍游冶处，楼高不见章台路”（宋·欧阳修《蝶恋花》）的寡义薄情。

然而，纵是如此，爱过的人生，终究是多了那么多无法言传的风景。

爱是宿命，是前缘

一个人出生以后，他的灵魂就到处寻找那与他相配的另一半。他也许一辈子也找不着她。也许要十年、二十年，但是他们碰面的时候，马上认得出对方，全凭直觉，无须理由，双方都如此。（《红牡丹》）

张爱玲在她的《爱》里说："于千万人之中，遇见你要遇见的人。于千万年之中，时间无涯的荒野里，没有早一步，也没有迟一步，遇上了也只能轻轻地说一句：'哦，你也在这里吗？'"

也许就是如此吧。一如佛家所言：爱情是前世的命定，今生的践约。

不然何以解释它的阴差阳错，又何以解释它的无巧不成书？

爱情无逻辑

一个女人的音容笑貌就能把一个男人的判断力完全搞乱。爱情本身就是壮丽的纷扰，心智的不平衡，根本不能用逻辑来分析。（《红牡丹》）

“问世间情为何物，直教人生死相许？”（金·元好问《摸鱼儿·雁丘辞》）这话问得幽怨，却也让人蹊跷：爱情何尝理智过，又何须逻辑？既不理智、无逻辑，又何须此问？

爱情本身，根本就是一场当事人心甘情愿的沉沦。

爱情的节奏

爱情是友谊逐步发展而来，欲速则不达，同时爱情必须是相互的，一方勉强一方，到头来不会有快乐，只是痛苦而已。（《别使爱情变桎梏》）

两性情感中，“一见钟情”毕竟是少数。大多数的爱情都是“日久生情”。友情也许是爱情不可省略的步骤，若省略太多，难免埋下隐患。

爱情调酒师

就原则上说，你得知道，每个人有每个人的个性，两个个性不同的人要生活在一起，得有适当的调情配合。配合得好的话，你们中间的爱情将会产出更多的快乐果实；配合不好，则你们中间的爱情必日趋萎缩。（《出轨与顺应》）

普通的杯子，简单的酒水，在一个调酒师手里，竟会幻化得或冷艳妖冶，或热烈浪漫。诀窍无他，唯识性识情，调配得当而已。爱情亦如此。

爱情不完美又如何?

不过人不必老想那些瑕疵，只要爱慕观赏那爱情本身无比的晶莹，耀出独特的、强烈无比的火焰，也就好了。（《红牡丹》）

爱情当然不尽是完美的童话，不尽是王子公主幸福地生活在一起，不尽是人前人后甜如蜜。爱情还包含着猜忌、误会、痛苦、煎熬和争吵。但是有什么关系呢？爱情本身就是一桩盛大的扰攘。套用张爱玲的一句话，爱情是一袭华丽的袍子，尽管上面也许爬满了虱子，但你见过几个人，会为了虱子而舍得放弃那华丽的袍服呢?

爱意在双眸中熄灭

人人知道爱人的热情何时算冷淡。爱情的冷淡表现在眼睛上，表现在说笑的腔调儿上，表现在缺乏热情上，表现在那份疏远的姿态上。（《红牡丹》）

真正倾心相恋的人，触觉是异常灵敏的，能第一时间捕捉到爱的讯息，也能第一时间捕捉到不爱的讯息。那秋毫的变化，只有当事人明了。

就像一首歌里唱的，“别假装你还介意我的痛苦和生命/还介意我的眼泪还介意我的憔悴/还骗我一切不愉快都只是个误会”。

是的，情若不在了，心怎么能守口如瓶呢？哪怕你竭力掩饰。抱歉，“你的眼睛背叛了你的心”。

所以，爱是责任，更是坦白。

清白地爱

我今后决不再与已婚男子相恋。普天之下，即使远在天涯海角，在平实、单纯环境之中，岂无单纯、淳朴、毫无纠结之爱情？（《红牡丹》）

这不是一份善缘。

心有不甘的撕扯，不见天日的委屈，漫长凄苦的等待，一场两败俱伤、血肉模糊的精神鏖战。所以，若无杀伐决断的勇气和能力，不要给任何人做情人。

适度地爱

爱情本身是神圣美好的东西，其所以会变成桎梏，那完全是由于滥用的结果。（《何故琴瑟不和鸣》）

萧伯纳如是说：“恋爱不是慈善事业，所以不能慷慨施舍。”是的，付出了爱而不求回报的是神。凡人如我们，爱了就是要求有回应的。然而，对这回应的渴求断不可演变成占有。

你若滥用爱意，爱就只好出走或逃离。

恋爱、自由与空间

不在恋爱中的人，没有一个会知道单独自由时的真正的快乐的。（《红牡丹》）

热恋中的女子，总有着“妾身愿为梁上燕，朝朝暮暮长相见”（宋·秦观《调笑令》）的痴迷，总不懂得保持和恋人的距离，亦不懂得给自己独立的空间。相爱的人，问题往往不是距离太远。相反，却是处得太近，让人窒息。

恋爱，也如探戈，讲求进退和收放，须知“两情若是久长时，又岂在朝朝暮暮”（宋·秦观《鹊桥仙 》）。

“水”和“泥”的婚姻

亚当的身体里有了夏娃，其生命才是完全的。这在我看来至少是婚姻的象征意义。女人是水，男人是泥，水渗进泥里，把泥塑造了，泥吸收了水，使水有了形体的寄托，使水可以在这形体里流动着，生活着，获得了丰富的生命。（《中国人的家庭理想》）

婚姻，是大多数凡人大半生都将浸染其中的生活状态。

男女在婚姻中厮守磨合的过程，是女人用水一般的温润与充盈，调和着男人的粗糙与乏味；更是男人以山一般的坚强和果敢，庇佑着女人的憧憬与梦想。

当人生哲学遇上人生

男子只懂得人生哲学，女子却懂得人生。女人常是很明白男人之心理，而男人却永不会了解女子。（《女论语》）

上述情形的原因何在？大概是男女之间天生存在不同，这种不同造就了彼此沟通方式的差异：男人沟通时的目标十分明确，谈话即是为了解决某个问题，而女人则主要是希望通过交谈表达感受，释放不良情绪。

沟通中男人注重表述的逻辑性，而女人则是在对细节的回顾中整理思路。男人也许会倾听，但耐心很有限。而女人却将男人是否有耐心倾听这一事件本身视为一种评判标准。女人情绪低落时，并非是要求男人为她解决某种具体的问题，她仅仅是需要关心与爱意的表达罢了。

和而不同

男女的不同并不意味着对妇女的束缚，而是意味着关系的和谐。（《中国人》）

男人与女人不同，是毋庸置疑的事实。这是在我们诉求男女平等时切切要牢记的一点，不应该强行求其一致，平等并非是不顾实际差异的“一刀切”。

《国语·郑语》中史伯有云：“夫和实生物，同则不继。以他平他谓之和，故能丰长而物归之。若以同裨同，尽乃弃矣。故先王以土与金、木、水、火杂，以成百物。”

道理再明晰不过了，万物应取长补短，才能欣欣向荣。而趋同的结果无异于自取灭亡。

男女之间不也应当如此吗？男人成其为“男人”，正因为女人是这样“女人”着。

再美的婚姻，也只不过是人生

婚姻生活，如渡一片大海。这一片汪洋，虽不一定是苦海，但是颇似宦海、欲海，有苦也有乐，风波是一定有的。如果你们还在做梦，只想着一帆风顺，以为婚姻只有甜味，没有苦味，请你们快点打破这个迷梦。（《一篇没有听众的演讲》）

再美的婚姻，也只不过是人生。勘破此节，你就不会再有非分之想。

婚姻是有人要与你分享权力

世间哪有习惯、口味、性欲、嗜好、志趣若合符节的两个人。向来情人都很易相处的，一结婚就吵起架来。这是因为在追求时代，大家尊重各人食寝行动的自由，一结婚后必来互相干涉。你的时间不能自己做主了，出入不能自己做主了，金钱也不是你一人的了，你自己的房间书桌也不是你一人的了。连你的身体也不是你自己的了。有人要与你共享这一切的权利。（《一篇没有听众的演讲》）

在幸福的婚姻中，每个人应尊重对方的趣味与爱好。以为两个人可以有同样的思想，同样的判断，同样的欲望，是最荒唐的念头。

婚姻如赌局，开盘才见分晓

所有的婚姻，任凭怎么安排，都是赌博，都是茫茫大海上的冒险。天下毕竟没有具有先见的父母或是星相家，能预知自己儿女婚姻的结果，即便是完全的从他们的安排也罢。在理想的社会里，婚姻是以玩捉迷藏的方式进行的。（《苏东坡传》）

人生，如列车在山间逶迤蜿蜒，永远不知道下一刻会遇到什么风景。

婚姻也是如此，恰如一场未知的赌局。

赌局当然有输赢，赢家是“执子之手，与子偕老”（《诗经·邶风·击鼓》），输家是“闻君有两意，故来相决绝”（西汉·卓文君《白头吟》），不输不赢则是举案齐眉，相敬如宾。

赌局之中，被动的因素太多，胜算的唯一技巧是努力经营感情。

和谐婚姻可以完善性格

人们只有在和一个合适的异性过着和谐的生活时，才能尽量表现自己、成全自己，达到性格上最高的发展。（《独身主义——文明的畸形产物》）

通常，我们总是强调性格对婚姻的作用力，却忘记了婚姻对性格的反作用力：婚姻的好坏，也在不知不觉中影响着性格。和谐的关系，会使充满幸福感的夫妻眼里只剩下彼此的美好，而于对方的缺点和瑕疵视而不见；或者即使看见了，也一笑置之。

谁承诺给你一座玫瑰园

我诚实告诉你，结婚生活不是完全沐在蜜浴里的，一半也是米做的。玛丽，你脊梁须要竖起来，一天靠吃蜜养活是不成的。你得早打破迷梦，越早抛弃你韶龄小女学生桃色的痴梦，而决心做一活泼可爱可亲的良伴越好。因为罗曼蒂克不久要变成现实，情人的互相恭维捧场，须变成夫妇相爱相敬的伴侣生活。假定你不能叫兴哥把你看作一个可敬可亲的女人，也别梦想他要捧你做一个绝代的小天使。（《一篇没有听众的演讲》）

“你侬我侬，忒煞情多，情多处，热如火”（元·管道升《我侬词》），只是许多人梦寐以求的理想婚姻状态罢了。

真相是，婚姻不是玫瑰色的蜜里调油，而是白开水一样单调的温吞无味，是柴米油盐酱醋茶的琐屑片段，是锅碗瓢盆衣裤袜的俗世篇章。

若不能平心静气认领婚姻生活的此种凡俗和琐碎，不能将心从天堂平稳降落到人间，便终究会在婚姻的道路上遭遇磨难和曲折。

有"倦"侣而无神仙

你不久对那一副漂亮面孔，就会生厌，尤其是不搽粉打呵欠的时候。我明明知道有漂亮太太的男人，每每怪异人家何以把他太太看得像神仙似的。他们都是说："不懂你们怎么看法？"《雨花》不是曾经载过一段故事吗？有青年在霞飞路上看见前面一个艳若神仙的女子同一男人走路，就低声发一感慨说："讨了这样一个丽人做太太，不知要怎样快活得像神仙似的！"碰巧那位男子听到这一句话，回头来向青年说："那个女人并不是丽人，她是我的太太，我已经讨了她十年，但现在此刻仍旧在人间世上，并没有成仙。"（《一篇没有听众的演讲》）

婚姻是什么呢？巴法利·尼克斯似乎深晓其味，他说道："婚姻是一本书，第一章写的是诗，而其余则是平淡的散文。"

睿智之人，大半能维系成功的婚姻，也许他们婚姻开篇的诗章不一定华丽，然而紧随其后的散文，却平淡而不乏味。

婚姻是褪去了恋爱时那份激情之后，仍然觉得爱人对自己有细水长流的恒久引力；婚姻是揭开了浪漫的面纱后，仍然给对方保留着神秘的憧憬和想象。

婚姻不是占有，而是合作

我的意思是说，女子不应该图占丈夫整个十成的身体。假定兴哥十成中有七成属于你，三成属于他的朋友、他的志趣、他的书籍、他的事业，你就得谢天谢地了。有一种人一结婚，连朋友都不敢来往了，这还成个人吗？你或者以为你非常有趣，你的丈夫一天到晚看你看不厌，然而至少他心灵中也有一部分需要不是你所能满足，而只有朋友、书籍能满足的。你一定要十成十足把他占有，结果他变成你的监犯，而你变成他的狱卒，而你要明白监犯没有恋爱狱卒之理，于是他越看你越恨，而越恨越非看你不可，感情破裂，乃意中事。那时你才照镜自怜，号啕大哭，自怨自艾叹着“他不爱我了”，也是无用。（《一篇没有听众的演讲》）

爱情不是占有，婚姻更不是。一纸婚书，应该是两个人友好合作的契约，而不是彼此的卖身合同。

一地鸡毛

婚姻之破裂，都是从这种极琐碎的事而来的。夫妇之结合必建筑于互相了解、互相敬重的基础之上。（《一篇没有听众的演讲》）

婚姻顾问和专门的婚姻研究人员，已经向我们揭示了：大多数失败的婚姻，并非因为外来的重大变故——当遭遇人生困境时，夫妻关系反而更牢固。相反，“祸患常积于忽微”（宋·欧阳修《伶官传序》）。导致婚姻破碎的，往往是一些鸡毛蒜皮的小事，比如丈夫随手扔在地板上的袜子。

物必先腐而后虫生

虽然那些被遗弃的太太们，都一口咬定丈夫是另有新欢才作变，十有九人还是因为太太不贤。事实显示，女人们一到中年，十有八九，总是特别喜欢唠叨不停，尤其是稍有点不如意事时，更与埋怨半天。如果丈夫能够忍受，那可能还不会惹成大祸，要是火气大一些的，夫妻便难免要引起争吵，甚至找“妖精”谈情说爱去了。其次，个性不投也是造成丈夫作变的主因。新婚期间，虽然个性不同，倒还能勉强凑合；可是一到中年，新婚的甜蜜早已过去，如果太太再使个性倔强，家庭的裂痕，便无可避免了。（《何故琴瑟不和鸣》）

苏轼在《范增论》中有言：“物必先腐也，而后虫生之；人必先疑也，而后谗入之。”

婚姻也是如此。婚姻与家庭的壁垒，常常是内部先不复坚固，外在的攻击才能轻易得手。

彼此成全

夫妇的生活是相依为命的，在精神上及在物质上，都是甘苦祸福同当共享的。在人生历程上，孤军奋斗，很易灰心挫折，美满的婚姻生活对此确是一大补救。你灰心，她鼓励你；她失败了，你援助她。在夫妇同心合力、提携协助之下，事业成功的基石就奠定了。（《夫妇应是最好的战友》）

婚姻是什么呢？

婚姻就好比两人合伙的事业，必须同心经营，共担风险，但也同享其利。

婚姻不但是相互的索取，以及自我的延伸与展开，更是互相的成全，是彼此为对方提供爱的环境和情感的支持。

携手容易，分手也是

人生中，往往一个偶然的原因就会妨碍一个美满的婚姻，真是一件恨事。（《红牡丹》）

步入婚姻殿堂之前，“执子之手，与子偕老”的美好童话曾是多少人心中最深沉的渴盼。然而需得警惕啊，婚后的琐屑与繁杂，曾无声地侵蚀了多少婚姻那华丽的袍子！

责任的守护

婚姻之事，更无可治爱人变心的万应灵方。最好是不要有非离不可之情境，也许只有男子多公道心、多念旧情及增加一点父母的责任心，才能够稍微减少这情境之发生吧。（《罗素离婚》）

婚姻的维系，不仅仅靠一纸婚书，不仅仅靠子女的纽带，责任心才是长久厮守的牢固保障。

情书的意义

假如这情书中表示着两人的一段奋斗，交换两人对人生对时事的意见，那是要保存的。但是书信中只有你叫我心肝我叫你肉，你称我才郎我称你佳人这一套痴话，过了十年，你自己看看，才要伤心。（《一篇没有听众的演讲》）

如果你不把热恋时恋人写下的文字当真，是你缺乏自信。

如果你把热恋时恋人写下的文字全部当真，是你太过轻信。

节制为家庭生活的灵魂

一个人无论如何须学习节制，否则连婚姻也失去效力。

……

因为一切生活，尤其是家常生活，本是一种节制的课程。（《乐享余年》）

你是不是也曾对父母因为年华逝去而呈现出来的迟钝与衰老心中生厌、言语不恭？

你是不是也曾对朝夕相处的伴侣颇多指责、言语刻薄？

你是不是也曾迁怒子女？

你只顾自己痛快，可曾留意过他们眼中的不解与委屈？

学会节制，才能避免“恶语伤人六月寒”。

然而孔子之妻是离呢？是逃呢？史无明文，在我推想后者较有可能。食不语，寝不言，这已够难受了。何况缁衣羔裘，素衣麑裘，黄衣狐裘，配色那样艺术，衣服那样讲究，使孟光伺候亦当觉麻烦。又何况，事事善于发明，与人不同，亵裘长，短右袂，非换寝衣不可，寝衣又须长身一半。……何况，食不厌精，脍不厌细，厨下备饭之人，切肉就要多一倍工夫。鱼馁而肉败不食，色恶不食……孔子之妻当已萌离家之念矣。苦一时赶不出，做妻子的人心慌，怕他过饿，叫阿鲤到街上买点肉松，添点酒敷衍得过去，一顿饭可以平安无事，倒也罢了，偏偏沽酒市脯又不食，于是孔子之妻行矣。（《罗素离婚》）

夫妻相处之道，其实很简单，无非遵守以下两条原则：

第一，己所不欲勿施于人。自己都不喜欢的，当然不要强迫对方。

第二，己所欲勿施于人。如果说第一条中的“推己及人”是天下至善的话，那么这一条中的“爱的暴力”便是天下至恶。须知青菜萝卜各有所爱，无论婚姻还是社会，没人愿意成为“爱”或者“正义”的人质。

为人母，是一项终生事业

成功的政治家离了政治生活，成功的编辑放弃了杂志工作，成功的飞行家放弃了飞行生活，成功的拳斗家放弃了拳斗生活，成功的男女伶人罢了舞台生活，可是成功或不成功的母亲可有放弃过母性的生活的！那是闻所未闻的事情。（《独身主义——文明的畸形产物》）

已经为人母和即将为人母的女子，都渐渐有所领悟：母亲，是一桩终生事业，令人欲罢不能，却乐在其中。

让她们也弄弄数学吧

我心目中的理想女人是爱数学也爱化妆品的，是比女权主义者更有女人的性格的。让她们用她们的化妆品吧，如果她们还有余力（孔子一定会这样说），让她们也弄弄数学吧。（《独身主义——文明的畸形产物》）

女性当然应该也完全可以成功与杰出，只是这成功与杰出，必须不是“双兔傍地走，安能辨我是雄雌”（北朝民歌《木兰诗》）的性别牺牲，必须不是“中华儿女多奇志，不爱红装爱武装”（毛泽东《为女民兵题照》）的性别遮蔽，而应该是女性性别潜能的全面伸张。

生养之于人生

世间有运气找到所爱的工作，从事所爱的工作的人，还不到百分之五，可是觉得养育子女是最深刻最有兴趣的人生动力的父母，却有百分之百：这岂不是入情入理的话吗？（《独身主义——文明的畸形产物》）

有过生养经验的人，大概都认同这样的说法：生命中因多了一份承担，而多了无限动力。

孕育的过程是梦想播种的过程。孩子落地之前，我们尽可以千般想象、万般憧憬。因为一切皆有可能，所以我们乐此不疲。

而生养的过程，则是梦想渐次显现的过程。孩子降生之后，我们的梦想不断修正，并逐渐得到认领，然后终于心平气和。因为一切尘埃落定，所以我们更全力投入。

不同的阶段，相同的倾尽全力和兴味盎然。

不可量化的成功

一个人在政治上、文学上或艺术上完成了伟业，其报酬只不过是智能上几声轻微的欢笑而已，可是一个人看见自己的孩子长成起来，其报酬是极真实的，不是言语所可以表达的。（《独身主义——文明的畸形产物》）

世间有些成功是可以量化的。大者如，几年之内地位升到万人之上；小者如，几周之内腰身细到凡人之下。

可以量化的成功，带给人的幸福当然直接而强烈，却也短暂而浅白。

世间还有一种幸福是绵延不断的，是欲说还休的。比如，目睹孩子身高和体重一天天悄然增加时的惊喜和快乐。养育的快乐，对于每一对父母而言，都只可意会不可言传。

我的家庭理想

我要一个可以依然故我不必拘牵的家庭。我要在楼下工作时，听见楼上妻子言笑的声音；而在楼上工作时，听见楼下妻子言笑的声音。我要未失赤子之心的儿女，能同我在雨中追跑，能像我一样的喜欢浇水浴。（《言志篇》）

家，是港湾，是归宿，是庇护，是城堡。

绝不单单因为它有坚硬的门窗、厚实的墙壁，将风刀雪剑挡在外面。

也不单单因为它能够提供可以果腹的食物和御寒蔽体的衣物。

而是因为它里面蕴藏着的是爱、关怀、温情和赤诚，是包容，是愉悦，是轻松。

所以萨提尔说："我相信家庭与外界是决然不同的，它可以充满爱、关怀及了解，成为一个人养精蓄锐的场所。"

女人快乐的衡量标准

我们所关心的仅是女人的快乐，这种快乐不是用社会的成就去衡量的，而是用个人生存的深度去衡量的。（《独身主义——文明的畸形产物》）

社会，可以给女人金钱、地位，权力、尊重，给女人一切她想要的荣耀“面子”。可是背转身来，退回屋后，只有她的枕边人能给她贴心的“里子”。

在家务之外，心要有所投放

您可曾窥探过音乐的悦耳、图画的悦目、文学的悦心？可曾尝试掘开泥土埋下一粒花种，绿芽穿出，枝叶茁壮，花朵绽放，能使人有收获者的满足，可曾尝试抖开一段衣料，让您的想象力驰骋其上，结果也许会有创造者的满足。设法以自己为中心来生活，在尽了主妇职责之后，单独去看一场喜爱的电影也不为罪过，寻找那可以滋润心灵的，可以长期沉浸其中的爱好，心就不会空荡荡的难受了。（《夫妇应是最好的战友》）

唯有懂得给自己空间的女人，才不会在婚姻的道路上越走越窄。

女子的感性

甲女云:“我看见某诗人就讨厌,因为他常同太太吵。”

乙云:“如果你厨子有外遇,他做的点心会变味吗?”

甲女云:“那不一样!”

女人就是这样凭感觉思考和说话的。(《女论语》)

在很多事上,女人常常显得过于感性或自相矛盾。然而,又有什么关系呢?如果她最终能直击事物的本质与内核。

没有女子不成方圆

没有女子的世界，必定没有礼俗、宗教、传统及社会阶级。世上没的天性守礼的男子，也没的天性不守礼的女子。假定没有女人，我们必不会居住千篇一律的弄堂，而必住在三角门窗八角澡盆的房屋，而且也不知饭厅与卧室之区别，有何意义。男子喜欢在卧室吃饭，在饭厅安眠的。（《金圣叹之生理学》）

上帝以亚当之肋创造夏娃时，初衷并不仅仅是为了给亚当一个伴儿，更是为了生命的多样与差异。否则，他尽可以制造另一个男子。现在看来，上帝的抉择是正确的：女人的存在，让四季的花不单单是植物，还是爱情；女人的存在，让高悬的月不单单是围绕着地球的天体，还是思念。是女人，让世界变得不再单调和寂寥。

她只是个女人罢了，不是超人！

女人不过是跟男人们相同的人类罢了——她们同样具有判断错误的能力，只要你给她们同样的阅世经验和接触；她们同样有能力去作有效率的工作和保持冷静的头脑，只要你给她们同样的商业训练；她们能够具有同样的社会眼光，只要你不把她们关闭在家庭里。（《美国人》）

一个男子遇见一个女人，不必过分夸大她的全能，也不要轻视她的潜质。她当然不是超人，所以她不必样样精通。她也当然不是白痴，所以她不会事事无能。你需要做的是，了解她的局限，允许她的失败；信任她的能力，给她的成长以时间和耐心。

女子之美在母性

一个女子最美丽的时候是在她立在摇篮面前的时候；最恳切最庄严的时候是在她怀抱婴儿或搀着四五岁小孩行走的时候；最快乐的时候则如我所看见的一幅西洋画像中一般，是在拥抱一个婴儿睡在枕上逗弄的时候。（《生活的艺术》）

女子之美，不单单是美在姿态，美在冶容，更美在周身散发之母性。女子一旦由女孩变为母亲，一笑一颦，一举一动，就陡然圣洁起来。女子的生命也全因这母性而生动、丰盈起来。

女人之美在慧心

女人的美不是在脸孔上，是在姿态上。姿态是活的，脸孔是死的，姿态犹不足，姿态只是心灵的表现；美是在心灵上的。有那样慧心，必有那样姿态，擦粉打扮是打不来的。（《一篇没有听众的演讲》）

使男子所慕至深而长久者，更多在于女子的优雅，是女子的知性、聪慧以及尤其重要的良善。

天真的孟子

如果我们不能容忍自己的父母，不能容忍年纪已老，比较无力自助的父母，不能容忍为我们做那么多事情的父母，那么，我们在家里还能容忍什么别人呢？（《乐享余年》）

《孟子·梁惠王上》中说：“老吾老以及人之老，幼吾幼以及人之幼。”这是孟子的理想，是他的良善，也是他的仁爱和慈悲。只是，这竟成了他的“天真”和“单纯”。

有同情有爱才有理解

要了解一个死去已经一千年的人，并不困难。试想，通常要了解与我们同住在一个城市的居民，或是了解一位市长的生活，实在嫌所知不足，要了解一个古人，不是有时反倒容易吗？姑就一端而论，现今仍然在世的人，他的生活尚未完结，一旦遇有危机来临，谁也不知道他会如何行动。醉汉会戒酒自新，教会中的圣人会堕落，牧师会和唱诗班的少女私奔。活着的人总会有好多可能的改变。还有，活着的人总有些秘密，他那些秘密之中最精彩的，往往在他死了好久之后才会泄露出来。

这就是何以评论与我们自己同时代的人是一件难事，因为他的生活离我们太近了。论一个已然去世的诗人如苏东坡，情形便不同了。我读过他的札记，他的七百首诗，还有他的八百通私人书简。知道一个人，或不知道一个人，与他是否为同代人，没有关系。主要的倒是对他是否有同情的了解。归根结底，我们只能知道自己真正了解的人，我们只能完全了解我们真正喜爱的人。

（《苏东坡传》）

叶圣陶曾经在他的作品里这样写道：“（伊）原来不曾知道他们的悲哀，自然不能对他们有深挚的同情。”

的确，人与人之间隔膜的产生，并非一定出自时空的阻隔，也并非一定出自阶层的限制，而是在于是否秉持“同情”之心。这“同情”，是将心比心，是设身处地，是推己及人，是体谅，是宽宥，是容忍，是尊重。唯其如此，方能真正走进一个人的内心世界。

第四章

读书、学习、思考、教育

人不可一日不读也。读何物？如何读？是我们必须廓清的问题。

人不可须臾无思。思何事？如何得？是我们必须正视的话题。

人不可一日无学。学什么？怎么学？也是我们必须辨明的事项。

学有所择，思有所持

常人学与思，总是学占大部分而思少，就是因为所学是趋时之学，不一定与自己思想发生活的关系。要多思不如少学，才不会精神浪费。但要如此，又非取孤游办法不可。栖栖遑遑，汲汲成名，人云亦云，是不足取的，我想从容的，慢慢的，如野游般沿路读来才好。（《大荒集·序》）

我们生活在这样一个时代，何其幸运：资讯如此发达，我们可以轻而易举地获取我们想要的知识资源。

我们又何其不幸：信息驳杂，真伪难辨。我们只顾贪婪地摄取，却不懂如何选择、提炼，并将其内化为自己的智慧。

读书可美姿容

黄山谷说："三日不读书，便言语无味，面目可憎。"这是一句名言，含有至理。读书不是美容术，但是与美容术有关。女为悦己者容，常人所谓容不过是粉黛卷烫之类，殊不知粉黛卷烫之后，仍然可以语言无味，面目可憎。（《读书与风趣》）

杨澜曾忠告女儿："养成看书的习惯。在与别人交往的过程中，谈吐与修养是最能征服别人的。喜欢看书的女孩，她一定是沉静且有着很好的心态，一定是出口成章且优雅知性的女人。"

知味而后读

读书读出味来，语言自然有味，语言有味，做出文章亦必有味。有人读书读了半世，也读不出什么味儿来，都是因为读不合的书，及不得其读法。读书须先知味，这味字，是读书的关键。所谓味，是不可捉摸的，一人有一人胃口，各不相同，所好的味已异，所以必先知其所好，始能读出味来。有人自幼嚼书本，老大不能通一经，便是食古不化勉强读书所致。袁中郎所谓读所好之书，所不好之书可让他人读之，这是知味的读法。若必强读，消化不来，必生疳积胃滞诸病。（《论读书》）

宋人程颐有语曰："外物之味，久则可厌；读书之味，愈久愈深。"好读书，然后而能品其味，则为读书之最上境界；而囫囵吞枣、不求甚解，则为读书之最下境界。唯有品其味，方能知其髓，唯有知其髓，方能染其韵。

读书是随性的事

世上无人人必读之书，只有在某时某地某种心境不得不读之书。有你所应读，我所万不可读。有此时可读，彼时不可读。即使有必读之书，亦决非此时此刻所必读。见解未到，必不可读，思想发育程度未到，亦不可读。（《论读书》）

凡事不可强求，读书亦然。年龄不同，阅历有别，心境迥异，对书的关注和理解必不相同，如何强求一律？读书的过程，也是寻找灵魂另一半的过程，如同爱情与婚姻。

读书是浪漫的事

谁是气质与你相近的先贤，只有你知道，也无需人家指导，更无人能勉强，你找到这样一位作家，自会一见如故。（《论读书》）

世人只道姻缘讲求缘分，不知读书亦然。寻和自己灵犀相通的书，觅与自己心性相类的人，有“所谓伊人，在水一方”（《诗经·蒹葭》）苦寻不得的惆怅；有“众里寻他千百度，蓦然回首，那人却在灯火阑珊处”（南宋·辛弃疾《青玉案·元夕》）乍然而得的欣喜；更有“衣带渐宽终不悔，为伊消得人憔悴”（南宋·柳永《蝶恋花·伫倚危楼风细细》）托付身心的投入。

只待缘分一到，读书便为“书卷多情似故人，晨昏忧乐每相亲”（明·于谦《观书》）的浪漫之事。

读书是至乐的事

读书是至乐的事，杜威说，读书是一种探险，如探新大陆，如征新土壤；法郎士也说过，读书是“灵魂的壮游”，随时可发见名山巨川、古迹名胜、深林幽谷、奇花异卉。（《读书的艺术》）

阅读带给人的好处，是无论怎样夸张都不为过的。

只因每一本书均“像一艘船，带领我们从狭猛的地方，驶向生活的无限广阔的海洋”（凯勒语）。

读一本好书，像柳絮翻飞的三月阳春，清茶一盏，暖风拂面，带给你宁静、悠然。

读一本好书，若蝉声悠扬的六月盛夏，清荷飘香，凉风送情，带给你清凉、心安。

读一本好书，如骤雨初霁的九月深秋，清辉一轮，繁星万点，带给你澄明、浪漫。

读一本好书，似夜雪乍落的十月初冬，绿蚁新醅，红泥火炉，带给你温暖、安闲。

怀疑是一种美德

读书人最应头脑清楚，然读书人偏最常上当。读书人好看书报，四处摭拾一点似是而非的卫生常识，于是岌岌惶惶不可终日，满空中皆痨病菌也，饭店手巾皆传染媒介也，众牙齿皆病菌巢穴也，花柳病必烂鼻发疯也。于是中学回来，不擦饭店毛巾，不饮他人茶杯，不吸烟，吸烟有尼古丁毒，不喝咖啡，咖啡必害心脏，而成以书呆。（《从梁任公的腰说起》）

如果某一个人否认现实的表面价值，或不肯尽信报纸上所说的话，他就有哲学家的意味。他是一个不愿被骗的人。（《生活的艺术》）

明朝学者陈献章曾言："疑者，觉悟之机也。"有怀疑才有辨别，有辨别才能持守内心的清明与正见。

读书不是为了那把锥子

一个人在读书的时候，正当那古代的聪明作家对他说话时忽然睡去，他应当立即上床去安睡。用锥刺股或用婢叫醒，无论做到什么程度，决不能使他得到什么益处。这种人已完全丧失了读书快乐的感觉。（《生活的艺术》）

皓首穷经，青灯黄卷，头悬梁，锥刺股，一度被世人称赞和推崇，被视为无上励志境界。然其精神固然可嘉，惜乎太过功利。如此读法，全无半点乐趣与情调，汲汲营营，所求无非是个功名，最不能让人认同。苦读总有一种被迫与不得已，并非出于本意。

专注与诚敬

一个人所读的书太多，便不辨孰是孰非了。（《生活的艺术》）

但是我相信，凡读书的人都应如此，必须得力于一家，不可泛览以致博学而无所成名。曾子高于子夏，就在这一点。（《大荒集·序》）

使人不辨是非的，倒不是书读得多，而是读书的人没有守护好内心的那方清明与正见。

孤独的快乐

吾生平读书绝少，无论中外文学，都是这样。因为不阿世好，所以不赶着时行所尚的书。但是有时偶然得一好书，或发见一新作者，则欢喜无量，再读三读而获益无穷。这就是孤游者之快乐。（《大荒集·序》）

读书，做人，要学会享受孤独的快乐。

如游山水鉴风月

善读书者，无之而非书：山水亦书也，棋酒亦书也，花月亦书也。善游山水者，无之而非山水：书史亦山水也，诗酒亦山水也，花月亦山水也。（《论书与读书》）

不是每个人的人生，都可以华丽成锦。

然而，生命的经纬可以因为织进“悦读”而绵密细致，纹路精巧。

“悦读”，以一颗灵性而愉悦的心，将世界看作一个大文本，无所不可读：读自然中山之阳刚、水之阴柔，读四季内春之秀美、秋之绚烂；读文学深蕴的温暖与睿智，读历史厚埋的理性和冷峻；读酒的醇厚馥郁，读茶的韵味悠长……

生命因“悦读”而蓬勃厚重。

手段与目的

读书本是一种心灵的活动，向来算为清高。“万般皆下品，惟有读书高”。所以读书向称为雅事乐事。但是现在雅事乐事已经不雅不乐了。今人读书，或为取资格，得学位，在男为娶美女，在女为嫁贤婿；或为做老爷，踢屁股；或为求爵禄，刮地皮；或为做走狗，拟宣言；或为写讣闻，做贺联；或为当文牍，抄账簿；或为做相士，占八卦；或为做塾师，骗小孩……诸如此类，都是借读书之名，取利禄之实，皆非读书本旨。亦有人拿父母的钱，上大学，跑百米，拿一块大银盾回家，在我是看不起的，因为这似乎亦非读书的本旨。（《论读书》）

读书的主旨在于摆脱俗气。黄山谷谓人不读书便语言无味，面目可憎。须知世上语言无味面目可憎的人很多，不但商界政界如此，学府中亦颇多此种人。然语言无味，面目可憎在官僚商贾则无妨，在读书人是不合理的。所谓面目可憎，不可作面孔不漂亮解，因为

并非不能奉承人家，排出笑脸，所以“可憎”；胁肩谄笑，面孔漂亮，便是“可爱”。（《论读书》）

读书是为了涵养身心。如果此身、此心都无非是个求取外物的手段，那么读书所涵养的自然便是求取的手段。书读得越多，这手段便越高超，那性灵就越沉沦。

灵魂私奔

凡是没有读书癖好的人，就时间和空间而言，简直是等于幽囚在周遭的环境里边。他的一生完全落于日常例行公事的圈禁中。他只有和少数几个朋友或熟人接触谈天的机会，他只能看见眼前的景物，他没有逃出这所牢狱的法子。（《读书的艺术》）

读书，不能许给你任何实际的回报。它所能应允的，不过是使你的心灵不再那么单调。

高峰体验

一个人如没有自己所喜爱的作家，即等于一个飘荡的灵魂。他始终是个不成胎的卵子，不结子的雌蕊。他所喜爱的作家或文学爱人，就是他的灵魂的花粉。（《生活的艺术》）

一个逐梦的灵魂和一个造梦的灵魂不曾相遇，传奇如何演绎？

一个阅读的人和一个写作的人不曾神交，潜能如何激发？

阅读的意义，原来在书外。

忘乎所以

读书时，须放开心胸，仰视浮云，无酒且过，有烟更佳。（《读书的艺术》）

不唯读书，人生的大境界也该是“忘”“忽”所以，忘记现实的烦恼，忽略世俗的纷争。情动于衷，不妨手舞足蹈。

身体与灵魂，总有一个要在路上

一个人在每天二十四小时中，能有两个小时的工夫撇开一切俗世烦扰，而走到另外一个世界中去游览一番，这种幸福自然是被无形牢狱所拘囚的人们所极羡慕的。这种环境的变更，在心理的效果上，其实等于出门旅行。（《读书的艺术》）

聪明的读者则既读书，也亲阅生活的本身。宇宙即是一本大书，生活即是一所大的学校。一个善读者必拿那作家从里面翻到外面，如叫花子将他的衣服翻转面来捉虱子一般。（《写作的艺术》）

此之谓“读万卷书，行万里路”。

读书的艺术

什么才叫做真正读书呢？这个问题很简单。一句话说，兴味到时，拿起书本就读，这才叫做真正的读书，这才不失读书之本意。（《读书的艺术》）

或在暮春之夕，与你们的爱人，携手同行，共到野外读离骚经，或在风雪之夜，靠炉围坐，佳茗一壶，淡巴菰一盒，哲学、经济、诗文、史籍十数本狼藉横陈于沙发之上，然后随意所之，取而读之，这才得了读书的兴味。（《读书的艺术》）

我知道阅读是一件高尚的事情，但是已经变成了一件俗陋不堪而且商业化的事情。收集书籍也曾是一件高尚的娱乐，但是自从暴发户出现以后，现在的情况也随之惨变。这些人藏着各个作家的整套书籍，装潢美丽整齐，摆在玻璃架上，用以在他们的朋友面前炫耀。但是当我看到他们的书架的时候，里边从没有一点空隙或书本的误排，这表明他们从来不去动那些书籍。其中也没有书皮扯下来的书籍，没有手纹的印子或偶然掉下来的烟灰，没有用蓝色铅笔画下来的记号，没有枫树的叶子在书中夹着。而所有的只是没有割开的连页。（《我的图书室》）

读书一事，更应该像私密的精神漫游，而不应是附庸风雅的摆设。

读书一事，更应该像恋人间喁喁私语，而不应是急火攻心的表白。

读书一事，更应该像灵魂的朝圣之旅，而不应是装模作样的夸耀。

天花乱坠

书籍绝对不应分类。把书籍分类是一种科学，但不去分类是一种艺术。你那五尺高的书架，应当别成一个小天地。必须把这个诗歌搁置在科学的文章之上，同时把一本侦探小说与居友（Guyau）的著作并列。这样安排之后，一个五尺书架会变成搜罗广博的架子，使你觉得有如天花乱坠。如果架子上只有司马光的一套《资治通鉴》，当你无心去看《资治通鉴》的时候，就变成一个空空如也的架子。（《我的图书室》）

在这个充满秩序的时代，拥有一点私密而又纯然灵性的放纵是快乐的。

种树和搭积木

学问是花树式的滋长，不是积木式的堆放。思想和学问是对世事人生一贯的、完整的看法见解。我们的教育、学校、老师、学生不打破分数的迷信，教育、学问就不会进步。（《考试分数不可靠》）

真正的教育，永远是有生命和温度的，是关于理想和信仰的。

行尸走肉

教育不是帮青年找饭碗，而在刺激求知欲，找到自己的服膺者和珍爱者，能辨别是非贵贱。（《茵治主教论教育》）

今日教育真正的失败，是不能让受过教育的人对学问发生永久的兴趣。（《茵治主教论教育》）

爱因斯坦说：“通过专业教育，他可以成为一种有用的机器，但不能成为一个和谐发展的人。一个人要对价值有所理解并产生热烈情感，他必须获得对美和道德的鲜明辨别力。”

教育要关注的，是虔敬之心的培养，是是非之心的塑造。而在功利心之下，教育给予孩子的永远不是新鲜感和吸引力，而是枯燥乏味的陈词滥调。

中国式教育

凡父母以自己为中心而太专制，它必时常剥夺青年的事业心和发明天才，著者认为这一点是家族制度所施与中国人性格的最恶劣的影响。（《吾国吾民》）

高尔基有言：“爱儿女，这是连母鸡都会的，但善于教育儿女，却是一个伟大国家的事业。”

第五章 热点与杂谈

社会纷扰，热点不断，我们需要一双慧眼和一颗慧心，才能在扰攘中发现本相，才不会被纷纭动摇了信念，扰乱了节奏。

美好的记忆不只是画面

我曾在杭州名泉和名茶的产地虎跑，看见过旅行者将自己持杯饮茶时的姿势摄入照片。拿一张在虎跑品茶的照片给朋友看，当然是一件很风雅的事情，所怕的就是他将重视照片，而忘却了茶味。这种事情很易使人的心胸受到束缚，尤其是自带照相机的人，如我们在巴黎或伦敦的游览事中所见者。他们的时间和注意力已完全消耗于拍摄照片之中，以致反而无暇去细看各种景物了。这种照片固然可供他们在空闲的时候慢慢地阅看，但如此的照片，世界各处哪里买不到，又何必巴巴地费了许多事特地自己跑去拍摄呢。（《论游览》）

数字社会，读图时代，你和我肯定都犯过类似的错误：旅途中，聚会时，只顾用相机将自己的影子与一些景色、食物并置在一起，却忘了美好的回忆是若有若无的香味和淡淡的温度的。

在我们按动快门的时候，留下的只是一些单薄的画面，错过的是难以复制的香味和温度。

闲暇时光决定人生高度

我们只有知道一个国家人民生活的乐趣，才会真正了解这个国家，正如我们只有知道一个人怎样利用闲暇时光，才会真正了解一个人一样。（《人生的乐趣》）

上天恩赐给大多数人的生命长度都相差无几，而生命的色彩和厚度，却因为每个人如何度过那些小时光而截然不同。

时尚是个骗子

世间还有一个次等的社会骗子，和上述的骗子一样有力量，一样普遍，这个骗子就是时尚。（《人生的盛宴》）

有多少人被“时尚”牵着鼻子走？

一会儿是时尚教父叫你怎样着装才不落伍，于是你巴巴儿地去换风格、添行头。结果你的衣橱里满坑满谷，可还是发愁衣服怎么穿。

一会儿是时尚教母教你如何化妆才更前卫，于是你颠颠儿地去购粉底买腮红。结果你的妆台上叠床架屋，可还是伤神妆容怎么扮。

就这样，你的钱包瘦了，你的心神乱了，你永远赶不上“时尚”的日新月异。

其实时尚就是流行，而流行……就如一句话说的：流行的东西未必就是好东西，比如感冒。

非诚勿扰

中国的家长最关切的事情就是：亲见男婚女嫁，视为比将来自己所葬的坟墓或所睡的棺材更为重要。他必须亲眼看见媳妇或女婿是怎样的人，方才放心。如若都是很好很满意，他便可以含笑而逝，一无遗恨了。（《生活的艺术》）

中国的家庭生活，从来都是家族生活，婚嫁之事亦然，可见我们在跑步进入“陌生人社会”之后，运作了几千年的“亲情纽带”仍颇牢固。只是无论原子化的“陌生人社会”，还是家族式的“血缘亲情社会”，做人做事，都该“非诚勿扰”。

对不起，我只是切葱的专家

现在我们已达到一个只有知识门类而没有知识本身的人类文化阶梯，只是专门化，而没有完成其整体，只有专门家，没有人类知识的哲学家。（《生活的艺术》）

专门化当然好，专门化意味着专业，意味着精准，意味着高效。然而，每个硬币都有它的反面。专业化同时也意味着狭隘，意味着割裂，意味着僵化。

御膳房宫女的故事是“专门化”的最佳注脚。乱世中，高官偶得一御膳房的出逃宫女，甚为得意，想在亲友前炫耀炫耀，于是大宴宾客，命宫女照御用标准设宴。然宫女表示无法完成，因自己专做糕饼。主人降低要求，吩咐宫女做糕饼，宫女还是表示无法完成，主人不解。宫女道明原因：她是专切糕饼馅子里边所用的葱的。

举头报国，低头养猪

今人抒论立言文章报国者滔滔皆是，独于眼前人生做鞋养猪诸事皆不敢谈，或不屑谈，或有谈之者，必詈之为不革命，为避开现实，结果文调愈高，而文学离人生愈远，理论愈阔，眼前做人道理愈不懂。（《说宇宙风》）

台大校长说：“人人都想拯救世界，却没人帮妈妈洗碗。”

陈丹青说：“我们都是一步一步救自己，我靠的是一笔一笔地画画儿，贾樟柯靠的是一寸一寸的胶片”。

伪善才是大恶

女子善敲竹杠的，英文妙称“挖金姑娘”（Gold-diggers），她们应与富商巨贾相对。卖色求财和经商图利没有本质区别。也许挖金姑娘最后可以嫁个落魄诗人供养他，也可施药济贫印佛经，何必对她们苛求呢。其实细细想来，世人何尝不都是出卖点什么以谋生的。（《摩登女子》）

这世上最大的恶乃是伪善。那种喜欢站在道德高地上装圣人的，就绝没有“挖金姑娘”可爱。

你幸福吗

不管在什么情况之下，幸福都是一种秘密。（《苏东坡传》）

时下流行“晒幸福”。

能够感知到幸福，并感动于幸福，本是好事。然而，将颇为私人的事件无休止地公布于大众视线，却有患上了“幸福强迫症”之嫌。仿佛对幸福的感知出了问题，必须借助于此，方可坚信自己是幸福的。

更有媒体举着话筒满世界问人“你幸福吗？”可谓用心良苦，而被访者往往顾左右而言他。因为，幸福更多时候是一个不可说的秘密。

道德和规矩

我国人得脸的方法很多，在不许吐痰之车上吐痰，在“勿走草地”之草地走走，用海军军舰运鸦片，被禁烟局长请大烟，都有相当荣耀。但是这种到底不是有益社会的东西，简直可以不要。我国平民本来就没有什么脸可讲，还是请贵人自动丢丢罢，以促法治之实现，而跻国家于太平。（《脸与法治》）

今日中国最大毛病，乃在无社会纪律，而英国人之守纪律守秩序，反强于我。英国人见有“勿走草地”即确不走草地，而中国“勿走草地”即等于“请走草地”。究其原因，乃因凡要人皆抱“管他妈的”主义，玩视社章，玩视国法。于是上行下效，大要人蔑大法，小要人蔑小法，而玩视章法乃成为普遍习惯。（《英人古怪的脾气》）

人如果没有对底线的坚守和对道德的敬畏，则能有堕入畜道。

古今之辨

没有新道德，不讲旧道德，势必就成了没有道德的丧廉寡耻。（《Sadism 与尊孔》）

王充《论衡》说："知古不知今，谓之陆沉；知今不知古，谓之盲瞽。"这是每代学人所必有的问题。一代学人，必有守古与维新两派，就是必有"陆沉"与"盲瞽"的争执。守古不变则窒息僵化，知新而不温故则忘本盲从。温故而不知新则死，知新而能好古则生。知新而不知古，则空疏浮泛，根底不深，结果驰骛新奇，人云亦云，了无着落。知古而不知今，则昏聩耆耄，自己不能进德修业，沉湎于古经古史，与时代脱节，而且阻挠时代之迈进。竹老则必伐之，此无他，老气横秋，不能生笋也。（《守古与维新》）

厚古薄今固不当，薄古厚今亦欠妥。这个时代的问题也许恰恰在于非此即彼，以至无此无彼。

永恒的女性，引领我们飞升

一个人如觉悟他绝不能无母而生到这世界上来时，他便不会轻蔑女人。从出生到死亡，他的四围没有一天没有女人，如母亲、妻子、女儿等等。即使他不娶亲，也免不了和诗人华兹华斯一般依赖他姊姊过日子；或和诗人斯本塞一般的依赖他的管家婆。没有一种哲学能拯救他的灵魂，如他不能和母亲姊妹们建立相当的关系。如若他甚至不能和管家婆建立相当关系，那么他简直不能算人。（《生活的艺术》）

《浮士德》的最后一句写道："永恒的女性，引领我们飞升。"

居家的情调

家宅的设计与室内装饰，不是吾们所能全然从建筑师购买而得，也不能从百货大公司购买而得。只有当心绪十分闲适，胸中自有温情蜜意的存在时，居家的生活，才会成为一种艺术和乐趣。（《吾国吾民》）

一个有情调，会生活，心中有爱的人，可凭一双巧手和一颗慧心，化腐朽为神奇，哪怕陋室，也可因陋就简变为梦境。

忠于美国便是忠于薯条

爱国不过是爱我们幼时所吃过的好东西。我曾经说过，忠于美国便是忠于烘饼、火腿和甜薯；忠于日耳曼国，便是忠于“团饼”和圣诞节百果饼。（《生活的艺术》）

爱国，是戴望舒的款款深情，“我用残损的手掌，摸索这广大的土地”；是艾青的无怨无悔，“假如我是一只鸟，我也应该用嘶哑的喉咙歌唱：这被暴风雨所打击着的土地”；是东北黑土地农家院里大豆与苞谷的香气；更是华北平原老乡家中馒头和大饼的热乎。爱国，总是和一种味道息息相关，这味道是一种记忆，更是一种信仰。

你有光明，中国便不再黑暗

> 我堪能坦白地直陈一切，因为我心目中的祖国，内省而不疚，无愧于人。我堪能暴呈她的一切困恼纷扰，因为我未尝放弃我的希望。中国乃伟大过于她的微渺的国家，无需乎他们的粉饰。她将调整自己，一如过去历史上所昭示吾人者。（《吾国吾民·自序》）

玛丽莲·梦露说："如果不能接受我最糟糕的一面，那么也不配拥有我最好的一面。"

作家瓦当在一篇散文中说："我热爱这个国家，或许是因为没有别的国家可爱，我对它并不'仇视'，更无'恶意'，这不仅仅是因为我知道仇视没用，更因为我也是其中一员。它若不可爱，我也负有不可推卸的责任。"

所以基本上，你在哪儿，中国便在哪儿；你是什么，中国便是什么；你有光明，中国便不再黑暗。

七分庄严，三分随便

个人的房间，应有几分凌乱，七分庄严三分随便，住起来才舒服。切不可像和尚的斋堂或府邸的客厅。书橱不必齐整，有喜欢读的书就好。（《言志篇》）

若你在自己的居室内还刻意维持某种姿态，带着某种面具，那么世间哪里还能让你全然解除戒备？

“做女人挺好”

现代商业的广告利用了女性所有的曲线，从头到脚无所不用其极。而普通女人也总以为，吸引和占有男人唯一的方法是性的吸引。（《论性吸引力》）

商品社会是个大野心家，决意把世间一切玩弄于股掌之上。消费文化更是助纣为虐、为虎作伥。于是两相密谋，对准女人开刀。“做女人挺好”本已暧昧挑逗，又辅之以活色生香的画面，难免教人不淡定。声色图文联合夹攻之下，女人缴械的缴械、投降的投降。于是商业胜出。

为什么出发

第一种虚假旅行，即旅游以求心胸的必进。这种心胸的必进，现在似乎已行之过度；我很疑惑一个人的心胸，是不是能够这般容易地改进。无论如何，俱乐部和演讲会对此的成绩都未见得良好。（《论游览》）

无论行走于山水或尘廛，自然而然地体验就好，一念得失，心便蒙尘，弄坏了心性，也弄坏了风景。识得此节，就不会因为美轮美奂的广告而出发。

饮食男女

饮食是人生中难得的乐趣之一。肚子饿不像性饥渴那样受着社会的戒律和禁例，也大致不会发生什么有损于道德的问题，这是值得愉快的。（《生活的艺术》）

对于林语堂和伊壁鸠鲁而言，“吃”，已经远远超过了食物本身的意义。后者曾言：“当来自欲望的痛苦解除时，简朴的菜肴和奢华的盛宴提供同样的愉悦。”

天堂电影院

今日真教育不在学校，而在电影院。何以故？因实在深入人心，熏陶青年之德性影响其言行者，乃银幕之人物，而非学堂教师。（《烟屑》）

就“吾国吾民”而言，风气流行之每况愈下，似乎怪不得银幕，病根仍在学堂。若德性果受电影之熏陶远超学堂，则实为民族之幸。

了解与同情

我以为文学的作用，便是使我们带了一种更真的了解，与更大的同情，把人生看得更清楚。（《米老鼠》）

人与人之间的隔阂，代与代之间的鸿沟，是因为未曾经历，不曾体验。

族与族之间的敌视，国与国之间的对立，是因为断绝接触，缺乏了解。

文学，却可以以悲悯之心，穿越疆界，沟通种族。文学之于人类的，远远超过所有的估量、一切的揣度。

了解与同情，我们当从文学中重拾这失落已久的美德。

真理在心底，不在嘴上

凡是谈到真理的人，都反而损害了它；凡是企图证明它的人，都反而伤残歪曲了它；凡是替它加上一个标识和定出一个思想派别的人，都反而杀害了它：而凡是自称为信仰它的人，都埋葬了它。所以一个真理，等到被竖立成为一个系统时，它已死了三次，并被埋葬了三次了。（《生活的艺术》）

真理，是自在自为的。无需证明，亦不必捍卫。当人穷尽了语言，企图阐明真理的时候，也许反而远远背离了它。一如佛曰“不可说，不可说，一说即是错”，还如老子云“道可道，非常道”。

活出人样

哪个文化叫人做人，做得像样，做得安乐，便是好文化，其余都是余事，人生目的是快活不是进化。（《四谈螺丝钉》）

让人活得更自由、更快乐，也更像人。无论什么社会，这都该是终极目标。

一座城池

我欢喜英国女子穿了低跟鞋在牛津街上健步的行走，和她们在伦敦烟雾中活泼壮健的笑声。我也喜欢她们在电影院中的笑声，她们笑得起劲中听。在笑声与健步中，藏着独立、乐观与刚毅的精神。就在伦敦的乞丐身上，你也会看出同样独立与自尊的感觉。（《伦敦的乞丐》）

我们用一生去行走。生命旅途中与一个或几个城市邂逅、相亲，然后握手、分别，各自成为对方的风景。

一个陌生的城市之于我们的意义，是那些鲜活生动、流光溢彩的画面——是那城市清晨雾气腾腾的早点，是那城市傍晚匆匆归家的步履，是那城市午夜惺忪睡眼的路灯。

还有在那城市穿梭的女子，她们是城市的精魂，她们用她们的笑与闹装点着城市，更装点着行者的梦与憧憬。

艺术的拯救

它（艺术）教我们在矫饰的世界里保持着朴实真挚。它应该可以使我们回复到健康幸福的生活，使我们从智能活动所产生的昏热中恢复过来。它应该可以使我们的感觉重变敏锐，重使我们的理性和本有的天性发生联系，由恢复原有的本性，把那脱离生活中已毁坏的部分收集起来，重变成一个整体。（《生活的艺术》）

艺术，包括戏剧、电影、音乐、绘画在内的艺术，表面看来，不过是些语言、色彩、线条、节奏与韵律。但其实，它还是人类摆脱肉身的束缚，让灵魂飞翔的尝试；是人类挣脱世俗，以心灵造梦的尝试；是人类在瞬间的声光色影中触摸激情和感动的尝试；是人类在短暂与幻灭中触摸永恒与不朽的尝试。

艺术，是人类在冗长尘世中的唯一救赎，是人类在平庸生活里的唯一升华。

聆听血液流动的声音

> 假使你能够，那么你且谛听一下你心的跳动，留心一下你血管中血液的流动，那你对人生的目的便可获得比从整部的哲学书中得来的更正确的理解。（《论裸体》）

哲学可以是外向的，它关涉并指向宏大的命题。它可以是马克思的“物质第一、意识第二，物质决定意识”，也可以是柏拉图的“现实的世界是理念世界的微弱的影子”。

而哲学更应该是内向的，它关涉并指向幽微的内心。它可以是弗洛伊德的“精神分析”，也可以是柏格森的“生命冲动”。

而内向的哲学，似乎更贴近我们的肉身，也更能理解并抚慰我们躁动的心灵。一旦我们尝试和内心对话、交谈，世界便瞬间安静、恬淡。

性的神性

裸体不是淫，欲脱不脱的姿态才是淫。性是健康美妙的，绝不是罪恶，羞耻才是罪恶。（《论劳伦斯》）

性爱一事，从来不是淫秽和卑污，而是充满神性和深远意义的，就如奥修在他的《到达真爱的旅程》中那善意而郑重的规劝："结束对性的敌意。如果你想要在你的生命里充满爱，你就要放弃和性的冲突，欣然接受性。承认它的神圣，感激地接受它，深深地拥住它。你将会感到惊讶，性居然能够显露出如此的爱，它能够显露出多少神性，要看你接受它到什么程度而定，如果你对它的态度是罪恶的，不尊敬的，那么在你面前的性将会是随便的，罪恶的。"

舌尖上的尊卑

自卑心理之存在，并不全因为一个人是真正的卑下。你只需向一个人每天说十次他不中用的话，他自己很快就信以为真。（《为中国女子辩》）

最柔软的舌头也可以敲断最坚硬的脊梁。

我需要柏拉图，以及《品花宝鉴》

我要几位知心友，不必拘守成法，肯向我尽情吐露他们的苦衷。谈话起来，无拘无碍，柏拉图与《品花宝鉴》念得一样烂熟，几位可与深谈的友人，有癖好，有主张的人，同时能尊重我的癖好与我的主张，虽然这些也许相反。（《言志篇》）

真正的友谊，不需要刻意相敬如宾，而是不拘细节、大处着墨；真正的友谊，不只是正襟危坐地谈经论道，还有嬉皮笑脸地插科打诨。

一如培根所言："友谊的主要效用之一就在于使人心中的愤懑抑郁得以宣泄、弛放……对一个真正的朋友，你可以传达你的忧愁、欢悦、恐惧、希望、疑忌、谏诤，以及任何压在你身上的事情。"

所谓知己

谈不要紧事，方是佳翰；写无事忙信，才算知交。（《舒白香的〈山中日记〉》）

宏大的文章命题，谁都可以慷慨陈词。而能将寻常事娓娓道来的，才可见文学真功底。

人际交往，谁都可以左右逢源。但能将友谊悉心呵护的，才是真正的知己。

真正的知己，可近在咫尺，亦可山水相隔。时空距离之于知己，从来不是障碍。

真正的知己，想起你时，不会如恋人般第一时间激情告白，却永远牵挂你于心底，阴晴圆缺时给你问候，雨雪风霜时送你祝福。

对于友谊，真正的知己，从来不会“无事不登三宝殿”，也从来不会“急来抱佛脚”。

当然，真正的知己，也不会为了蝇头小利刻意联络感情，他们只会在你需要的时候，适时地给你帮助，也会在需要你的帮助时，适时地向你求助。

墙内墙外

未得安乐的人，求之而不可得，在已得安乐之人，又不知其来之所自。（《〈浮生六记〉英译自序》）

人生总是如此吊诡，处处有“围城”：墙外的拼命想挤进，而墙内的又竭力要挣出。

要挣出的，放大的是墙内世界的一成不变、死水微澜，忽略的是平淡中的安康与和顺，亦不知未得者之艳羡与渴慕；而要挤进的，聚焦的是墙内世界的妥帖，无视的是妥帖背后的寂寞，也不懂已得者的失落和无聊。

轻快的谈话

如果没有琐碎的轻快成分，谈话一定立刻变得滞重乏味，而哲学也变成脱离人生的愚蠢学问。（《论谈话》）

英国文艺评论家、散文家赫兹里特曾言：“如果发生的事情都是伟大的，就不会有琐碎的谈话。”

因此，人生的谈话，除却不可多得的严肃和谨慎，更多的应该是轻快与性灵。

一枚叫作愚昧的硬币

人总是对自己所不知的怀有敬意。一个人越多谈论众人所不知者，众人对他所怀的敬意也越大。（《札记简评》）

很多时候，“无知者无畏”“无知者生敬”无非是一枚硬币的两面。狂妄固然是愚昧，崇拜也不遑多让。当你握住那枚叫作愚昧的硬币，就把明净的心性交给了梅菲斯特。

有时候，我们必须把命运交给耐心

我相信孔子的说法，一切非人性的东西是不能长久存在的。（《爱与讽刺》）

也就是说，一切事情到最后都是好的，如果不好，那就是还没有到最后。有时候，我们必须把命运交给耐心。

一个人行走

在大荒中孤游的人，也有特种意味，似乎是近乎孤独，但也不一定。我想只是性喜孤游乐此不疲罢了。其佳趣在于我走的路，一日或二三里或百里，无人干涉，不用计较，莫须商量，或是观草虫，或是看鸟迹，观天象，都听我自由，我行吾素，其中自有乐趣。（《大荒集·序》）

一个人旅行，宛若漂萍之于时光之流，以命定的姿态，不断向未知之所推送，寻找灵魂栖居之地。借由独自行走，一个人可以召唤出潜藏在灵魂深处的关于自由、独立、果断等的所有记忆，细细品味和触摸生命中那些稍纵即逝的如花片段。一个人的旅行是自我修炼与成长的最佳方式，很多时候独行的收获远胜于结伴之旅。

跳舞未必亡国，玩物未必丧志

做人应该规矩一点，而行文不妨放逸些。你能一天苦干，能认真办铁路，叫火车开准时刻。或认真办小学，叫学生得实益。到了晚上，看看小书，国不会亡的。就是看梅兰芳、杨小楼，甚至到跳舞场拥舞女，国也不会亡。（《做好一个人》）

统治这世界的是热情，不是理智。这已是很明显了。所以使这些伟大人物都称为可爱者，使他们有人性者，实是他们的缺乏“理性”，而不是“合理性”。（《论灵心》）

玩物有时候仅仅是一种无伤大雅的闲适情趣的表达，也是对刻板生活的一种适度调适。当然，林语堂也严肃地规定了前提。

男人的眼泪

大家都说流泪是可耻的，是没有大丈夫气的。在某种程度上，在日常生活中这句话是不错的，如果一个人太容易哭或笑了，我们便要说他是一个弱者，一个在感性上脾性上有所不平衡的家伙，或是一个稚气的白痴了；这些话也是对的，但一个人难道不应当有深深地受了感动而流几滴眼泪的时候吗？（《看电影流泪》）

冷血的人，并不能称为大丈夫。

真正的大丈夫不但有“横眉冷对”“怒向刀丛”“金刚怒目”的果敢和刚强，还有“俯首甘为孺子牛”的柔情和暖意。

正所谓，无情未必真豪杰，怜子如何不丈夫。

我愿意

科学的理智无法镇服心灵深底的荡漾。(《纪元旦》)

科学家说,月亮并不是我们想象中那般光洁如玉,而是布满了凹凸不平的深坑。

那有什么关系呢,如果我们愿意把她呼作白玉盘。

科学家还说,爱情无非是体内的荷尔蒙在作祟,没有什么前世今生。

那又有什么关系呢,如果我们愿意把彼此的遇见当成一场命定的缘分。

凡尔赛的树

在凡尔赛，我们把这些剪成圆锥形的树木一对一对很整齐地种成一个圆圈，或种成直行，像一排排的军队那样。这就是人类的光荣和力量，这就是我们训练树木的能力，像我们训练穿制服的军队那样。如果一队树木中有一棵长得比另一棵更高，那么，我们的手便痒起来，把树顶剪平，使它不至破坏我们的匀称的感觉，不至破坏人类的力量和光荣。（《论数与石》）

无限向外求取的“浮士德心态”究竟是人类的自信还是不幸？

秩序不应成为桎梏

我们固然要想尽种种办法去造成一个有秩序的社会——可是我们不要一个太过于有秩序的社会。（《生活的艺术》）

没有规矩不成方圆。这话原本不错，可怕的是将“秩序”变成“桎梏”和“枷锁”，锁住人的灵魂和情感。

人生如赴宴

这个世界很像一家照菜单零点的餐馆，每个顾客总以为邻桌顾客所点的菜肴，比他自己所点的更有味、更好吃。（《论梦想》）

人生在世，如参加一场喧哗的大宴，每个人都只够得到自己面前的菜肴。与其将目光盯住别人面前的几盘菜空自眼馋，不如将自己面前的细细品尝——在它们变凉以前。

幽他一默

幽默如从天而降的温润细雨，将我们孕育在一种人与人之间友情的愉快与安适的气氛中。它犹如潺潺溪流或者照映在碧绿如茵的草地上的阳光。（《论东西方幽默》）

幽默是善意与微笑，是解除心灵病痛的良药，是缓解紧张气氛的灭火剂，是人际交往的润滑油。

幽默是自嘲背后的深刻体谅，是遭遇车祸后跛脚的人的一句：“哪里是我腿脚不好，明明是路不平。”一句幽默，卸下的是亲友心中的巨石。

幽默是诙谐背后的善意宽容，是沙丁鱼般拥挤的车厢内被挤者的一句：“别挤了，再挤我就成相片了。”一句幽默，缓和的是一触即发的紧张气氛。

业余的妙处

我赞成一切的业余主义，我喜欢业余哲学家、业余诗人、业余摄影家、业余魔术家、自造住屋的业余建筑家、业余音乐家、业余植物家和业余航空家。我觉得在晚间听听一个朋友随便弹奏一两种乐器，乐趣不亚于去听一次第一流的职业音乐会。一个人在自己的房里看一个朋友随便试演几套魔术，乐趣更胜于到剧院去看一次台上所表演的职业魔术。父母看自己的子女表演业余式的戏剧，所得的乐趣，更胜于到剧场去看一次莎士比亚戏剧。我们知道这些都是出于自动的，而真正的艺术精神只有在自动中方有的。（《生活的艺术》）

既然生存是正职，那么如何生存就全是业余的把戏。

理想图书室

每个人都知道女人的美丽，是她们予人一种莫名其妙而又遍寻不着的感觉，古老的城市如巴黎与维也纳之所以耐人寻味，是因为你在那里住了十年以后，也不确知某一个小巷中会有什么东西出现。一个图书室也是同样的道理。（《我的图书室》）

博尔赫斯有言：“如果有天堂，那应是图书馆的模样。”

天堂成为人类追求的终极之美，皆因其神秘与不曾预料。理想的图书室应有异曲同工之妙。

不近人情则类畜

不近人情者总是不好的，不近人情的宗教不能算是宗教，不近人情的政治是愚笨的政治，不近人情的艺术是恶劣的艺术，不近人情的生活也就是畜类式的生活。（《生活的艺术》）

苏洵《辨奸论》中说：“凡事之不近人情者，鲜不为大奸慝，竖刁、易牙、开方是也。”弘一法师也有言：“不近人情，举足尽是危机；不体物情，一生俱成梦境。”

的确如此，不近人情者，对自己的感受都可以抹杀和忽略，更遑论去关心他人的感受。更有甚者，此偏执情绪一旦发作，就非要旁人和他一样抹杀自己的感受。这便是人生与社会的大悲剧了。

中国文化的终极教养

我以为近情精神实是人类文化最高的、最合理的理想，而近情的人实在就是最高形式的有教养的人。我们只有在世界的人类都是近情的人时，才能得到和平和快乐。近情精神是中国所能贡献给西方的一件最好的物事。人性化的思想其实就是近情的思想。专讲逻辑的人是永远自以为是的，所以他是不近人情，也是不对的；至于近情的人则自己常疑惑自己是错的，所以他永远是对的。（《近情》）

情感是能够超越或者说包容现实的，是能够弥合现实和梦想之间的差距的，情感是最好的减震器、黏合剂，有情感一切才稳定。光讲现实，光讲理性，就只有冷冰冰的秩序，这不是人类所希冀的幸福社会。

活得安稳，活得安心，活在情感的滋润中，活在琐细却温暖的人情世故中，幸福不过如此。

有血有肉，好过道德标本

人类所能期望的最高理想，不应是一具德行陈列箱，而应是只去做一个和蔼可亲尽情理的人。（《生活的艺术》）

比起一具道德空壳，我们更喜欢一个有血有肉的活生生的人，哪怕不尽善尽美，却是真实可亲。

露多少锋芒

独断过甚或利用个人地位过甚，俗称为“锋芒太露”，锋芒太露常被视为粗鄙之行为而为颠覆之预兆。（《谈和平》）

做人，有一点锋芒是必要的。因为那点锋芒代表着人之为人的独立与自由。然而，锋芒究竟不可“毕露”，因为内敛宽容才是更高境界的品质与操守。

尊老爱幼

一个自然人必会爱他的子女，但只有受过文化洗礼的人才会孝养父母，敬爱老年。（《生活的艺术》）

爱幼，是动物性本能；尊老，却源自文明之熏陶。

谁也不能剥夺我吃肉的权利

我是唯物主义者，所以在无论什么时候总是喜欢猪肉而不是喜欢诗歌，宁愿放弃一宗哲学，而获得一片拌着好酱汁的椒黄松脆的精肉。（《生活的艺术》）

精神与信仰当然表征着终极价值。但人性与人世的百态参差却断不能以所谓终极价值为唯一价值去强制统一。人之本身，是一切价值的基础价值，你若不尊重这个，就什么价值都谈不上了。

善念生生不息

我们大多数人都是因为贪得无厌、自私自利的心理，以及习惯于那足以硬化人心的无情的、冷酷的商业行为之故，以至于目光狭隘，只能看到别人身上的坏处，而看不到他们的好处，假使我们真能改变态度，不注意去指责他人的缺点，而只注意到他们的好处，则于己于人，均有益处。因为由于我们的发现，他人也能自觉到他们的好处。（《一颗善心》）

我们尽管大量地给予他人以我们的亲爱、同情，我们的鼓励、扶助。然而那些东西，在我们本身，是不会因“给予”而有所减少的。反而，我们给人众多，则我们自己所得的也愈多。我们能把我们的亲爱、善意、同情、扶助给人众多，则我们所能收回的亲爱、善意、同情、扶助也众多。（《一颗善心》）

善的付出，永远会得到响应和回报。

素面朝天

平淡最醇最可爱，而最难。何以故？平淡去肤浅无知只有毫厘之差，若元气不足，素养学问思想不足以充实之，则味同嚼蜡。故鲜鱼腐肉皆可红烧，而独鲜鱼可以清蒸，否则入口本味之甘恶立见。（《烟屑》）

蓦然回首，那人却在灯火阑珊处。“看山还是山”的平淡最难，也最可贵。

美人之美在风韵

有人看美人专看脸蛋，凡有鹅脸柳眉皓齿红唇的都叫做美人。但是识趣的人若李笠翁看美人专看风韵，笠翁所谓三分容貌有姿态等于六七分，六七分容貌乏姿态等于三四分。有人面目寻常，然而谈起话来，使你觉得可爱；也有满脸脂粉的摩登伽，洋囡囡，做花瓶，做客厅装饰甚好，但一与交谈，风韵全无，便觉得索然无味。（《论读书》）

领悟此道，人生便已在另一重境界了。